有效养育

如何培养自律自信的孩子

赵欣 著

青岛出版集团 | 青岛出版社

图书在版编目（CIP）数据

有效养育：如何培养自律自信的孩子 / 赵欣著.
—— 青岛：青岛出版社, 2024.12. —— ISBN 978-7-5736
-2818-3

Ⅰ.G78

中国国家版本馆 CIP 数据核字第 2024DQ6568 号

YOUXIAO YANGYU: RUHE PEIYANG ZILÜ ZIXIN DE HAIZI

书　　名	有效养育：如何培养自律自信的孩子
著　　者	赵　欣
出版发行	青岛出版社
社　　址	青岛市崂山区海尔路 182 号（266061）
本社网址	http://www.qdpub.com
邮购电话	0532-68068091
策划编辑	尹红侠
责任编辑	赵慧慧
封面设计	祝玉华
照　　排	青岛乐喜力科技发展有限公司
印　　刷	青岛新华印刷有限公司
出版日期	2024 年 12 月第 1 版　2024 年 12 月第 1 次印刷
开　　本	16 开（710mm×1000mm）
印　　张	13
字　　数	210 千
书　　号	ISBN 978-7-5736-2818-3
定　　价	49.80 元

编校印装质量、盗版监督服务电话：4006532017　0532-68068050

前言

作为家长的你真的懂孩子吗？很多时候，你可能真的不了解孩子的内心世界和真实需求。一些不懂孩子的家长就会遇到各种育儿挑战，产生各种育儿焦虑。

1. 有关孩子养育的问题

因为工作的关系，我接触了许多前来找我咨询的家长。这些家长咨询最多的就是有关孩子养育的问题。我总结了三个常见的咨询问题：

第一个问题是："和其他孩子相比，我的孩子是否正常呢？"

家长最不缺的就是各种信息，遇到问题时，只要上网搜一搜，就可以搜到许多"权威"专家的建议。每一条建议看似都很有道理，其中还有一些相互冲突的建议。作为家长的你，该怎么去甄别这些建议呢？

除此之外，隔壁邻居、亲戚朋友中的某些"过来人"也会非常热心地、时不时地给你介绍"育儿真传"，比如孩子多大可以上早教班，多大可以背唐诗，多大可以上兴趣班……家长们需要花费大量的时间和精力去消化这些信息。

有的家长就像一支温度计一样，时刻测量着孩子的温度，却忘记做孩子成长过程中的"恒温器"。我认为，无论孩子是怎样的，家长的内在都应该是稳定的，这样才能给孩子更好的支持。

第二个问题是:"我还可以为我的孩子做点什么呢?"

"不要让孩子输在起跑线上。""孩子就是一张白纸,要看家长怎么去书写。"……这些话不知道误导了多少家长。为了不让孩子输在起跑线上,家长真的为孩子做了好多事。

有的家长让学龄前的孩子去上各种早教班、学科启蒙班等。等孩子到了学龄期,有的家长为了学区房拼尽了全力。对于自己小时候不曾体验过的东西,家长就想让孩子去体验。有的家长为孩子做了很多事,却忽略了一个重要的问题:孩子的成长有自己的节奏。家长"揠苗助长"式的教育给孩子带来的是伤害,而不是帮助,必将事与愿违。

对孩子的成长来说,有时家长不做什么比做什么更好。在玩游戏时,家长听从孩子的安排,让孩子来主导。家长要给孩子留出足够的生长空间。孩子也许会给家长带来惊喜。

当你真正地站在孩子的角度去理解孩子时,你会发现,你对孩子的认知才是孩子真正的起跑线。

第三个问题是:"我遇到了养育挑战,你能不能给我一个具体的解决方案呢?"

有的家长会这样问我:

"赵老师,我的孩子不爱刷牙,能用哪种游戏解决呢?"

"赵老师,我的孩子不吃蔬菜,能用哪种游戏解决呢?"

"赵老师,我的孩子不爱写作业,不爱学习,能用哪种游戏解决呢?"

有的家长在遇到养育挑战时,一开始是慌张的,到处"求医问药",找专家咨询。这些家长将孩子的问题行为当作"病症"。针对某个病症,这些家长希望得到一个具体的治疗方案,期待着"药到病除"。虽然理想是丰满的,但是现实往往是残酷的。

从某种意义上讲,孩子的问题行为是孩子向家长发出的求助信号:"我现在遇到问题了,我自己处理不了,我需要你的帮助。"有的家长在接收到信号后，只想着去压制孩子的"症状"，没有从根本上找到"病因"。从长远来看，那些暂时被压制下去的"症状"，可能会在一段时间之后以另外一种方式爆发出来。那些累积已久的"症状"会在青春期集中爆发，这也是青春期的孩子容易叛逆的原因。

我经常对家长说："当你放下目的性，愿意走近自己的孩子，和孩子一起玩游戏，试着去了解孩子都经历了什么，真心想和孩子建立亲子联结时，这个改变才真的会发生。"

2. 家长用玩游戏和倾听的方式来与孩子建立亲子联结

亲子联结指的是父母和孩子之间的联结，本质上是人与人之间的一种积极关系，通过信任、理解、欣赏与爱等情感因素联结在一起。这种联结可以通过共享欢乐、分担痛苦、面对挑战来体现。绝大多数的养育挑战是由亲子联结断裂导致的。想要解决养育难题，就需要先修复亲子联结。

理想的亲子联结是怎样的一种状态呢？为了寻找这个问题的答案，我查阅了很多专业的资料，思索许久。最终我认为，理想的亲子联结应该具备四个"在一起"的态度。四个"在一起"的态度是我在儿童中心游戏治疗课程上学到的。这四个"在一起"的态度是"我在这里""我听见你""我理解""我在乎"。也就是说，家长只要能将自己调整到和孩子全身心在一起的状态，就可以和孩子建立亲子联结。在此基础上，家长和孩子一起去面对和解决各种养育挑战。

在本书中，我会介绍两种家长与孩子建立亲子联结的方式——亲子游戏和倾听孩子。

在玩亲子游戏时，家长应暂时放下一切，和孩子全身心地待在一起，看到孩子的需求，和孩子一起参与、一起大笑，向孩子展示出"此刻，你在我眼里是最重要的人"。

不同年龄段的孩子，有不同的游戏玩法。不同性格类型的孩子，所喜欢的游戏类型是不同的，玩游戏的体验也是不同的。

如果我只是简单地给家长一张游戏清单，家长用清单上的游戏不一定能解决养育难题，有时还会遭遇失败。家长和孩子一起玩游戏的核心并不是游戏本身，而是真实的孩子。简单来说，评估一个游戏是否成功的标准有两个：

第一，在游戏中，孩子是否开心大笑？美国心理学家劳伦斯·科恩博士曾说："如果一件事能把孩子逗得咯咯笑，那你就应该再来一次，一而再，再而三，一做再做。"

第二，通过玩游戏，家长和孩子的关系是否更亲近了？如果家长和孩子玩游戏只有一个目的的话，那就是增进家长和孩子的亲子关系。

我并不认为一个失败的游戏就是没有任何价值的。

如果家长向孩子发起游戏失败，那就意味着此时并不是玩游戏的好时机。这可能是一个信号——孩子此刻被什么事情卡住了，他需要的是家长的倾听和陪伴。

倾听孩子是家长与孩子建立亲子联结的另一种方式。如果孩子的情绪被看见，并在家长的支持下完成流淌和释放，孩子和家长之间就会建立更加深度的联结，养育问题自然会迎刃而解。

家长只有接住孩子的情绪，才能做到和孩子"在一起"打败问题，而不是和问题站在一起打败孩子。

对家长来说，发起游戏是一个了解孩子的好机会。家长可以根据孩子的反应去评估自己在亲子联结这件事情上还需要付出多少努力。

现实的情况是，孩子越小，家长需要付出的努力越少，越容易建立亲子联结。随着孩子一天天长大，家长所面临的挑战也会越来越大。家长如果想和青春期的孩子建立亲子联结，就需要付出更多的努力。

所有养育挑战的核心或本质都是亲子关系的问题。如果亲子关系好，家长就比较容易处理养育挑战，因为家长和孩子是"在一起"的。如果亲子关系出现了裂痕，无论家长多么爱孩子，为孩子做了多少努力，孩子都是接收不到的，因为家长和孩子不是"在一起"的。

3. 如何使用本书

本书将常见的养育难题总结为15种"无效养育"的场景，并分为以下三个部分：

第一部分：有效沟通，孩子更愿意合作。家长通过亲子游戏，走进孩子的内心世界。家长用孩子喜欢的游戏方式来与孩子建立亲子联结。家长需要反思自己和孩子对话的方式，学习使用孩子的语言。家长如果使用孩子的语言，就容易进入孩子的内心世界，与孩子对话，赢得孩子的合作。

第二部分：有效倾听，被理解的孩子更自信。先解决孩子的心情，再解决孩子的事情。比关注事情更重要的是关注孩子的心情。在养育孩子的过程中，比解决问题更重要的是理解孩子的情绪。家长如果能接住孩子的情绪，与孩子建立深度联结，就能更好地支持孩子，和孩子站在一起解决问题。

第三部分：有效设限，有边界的孩子更自律。家长基于联结，陪伴孩子一起成长。育儿的本质是育己。在养育孩子的过程中，家长需要不断地厘清自己的养育价值观，让孩子有清晰的边界。在这个边界之内，孩子就可以自由探索，充满安全感。内在安全和稳定的孩子更自律。

我将从真实的养育挑战出发，帮助家长觉察自己，读懂孩子，与孩子建立亲子联结，进而帮助家长解决养育难题。

你该怎样使用这本书呢？

我将通过本书带领你从觉察到实践，从知道到做到，从一点一滴做起，觉察自己的养育模式，改善亲子关系。

拿到这本书以后，你不需要一口气将它读完。它不是一本讲儿童心理发展理论的书，而是一本帮助家长了解自己、读懂孩子的书。

本书的一个关键词是"联结"。在你拿到这本书以后，你可以先寻找自己与本书的联结点，比如你可以先翻翻目录，看看书中的哪些标题会戳中你。

你也可以将本书当作一本"养育字典"来使用。你可以先从自己感兴趣的章节读起，不要急着往下阅读，而是每读完一节内容，就完成相对应的觉察日记，再带着自己的觉察去和孩子互动。

当然，你也可以按照章节顺序去读，每读完一节，就和孩子一起玩一玩书中介绍的亲子游戏，认真记录自己和孩子一起玩游戏的感受，并且花时间完成自己的觉察日记。

有的家长说："自从开始写觉察日记，我经常会有恍然大悟的感觉，并一点点看到那些一直被自己忽略的深层情绪。我的成长和变化是肉眼可见的。我现在看问题的角度与之前看问题的角度有很大的不同。虽然孩子的问题还在，但是我不再焦虑了，我有信心处理好孩子的问题。"

你可以跟身边的一些家长或朋友组成一个读书小组，分享和交流读本书的心得体会，互相倾听和陪伴。

在陪孩子玩游戏的过程中，在对自己的养育模式做深入觉察的过程中，你可能会遇到一些困难：孩子不喜欢你发起的游戏，你又不会玩孩子喜欢的游戏；当你用心倾听孩子时，孩子却爆发了更大的情绪……这些困难可能会让你产生强烈的挫败感。

在读书小组中，其他组员的用心倾听和陪伴，会给你很大的力量。你也可以关注"妈妈力"公众号，分享你遇到的问题，我们一起来交流和碰撞。希望本书可以成为你的助力，让你和孩子的联结更亲密，让你的养育之路更轻松。

目录

第一部分
有效沟通，孩子更愿意合作　/ 001

第一节　反复说教不管用，家长怎么办　/ 007

　　掌握游戏的两大精髓——"装傻"和"联结"　/ 007

　　用床上游戏来解决早起、睡前的亲子冲突　/ 011

　　觉察日记　/ 016

　　亲子游戏："扔炸弹"　/ 016

第二节　面对拖拉、磨蹭的孩子，家长怎么办　/ 018

　　站在孩子的角度，理解孩子的行为　/ 018

　　让孩子养成主动写作业的习惯　/ 023

　　觉察日记　/ 026

　　亲子游戏："跟随你的脚步"　/ 027

第三节　进入孩子的假想世界，赢得孩子的合作　/ 028

　　孩子的假想游戏和家长的假设性问题　/ 028

　　假想游戏对儿童发展的重要意义　/ 031

　　觉察日记　/ 036

　　亲子游戏："生宝宝"　/ 036

第四节　家长善用打闹游戏，亲子关系更亲密，孩子更自信　/ 038

　　用打闹游戏调整孩子内在的力量　/ 038

　　孩子是真的输不起吗　/ 043

　　觉察日记　/ 048

　　亲子游戏："就是抓不到我"　/ 048

第五节　用游戏测量情绪，提高孩子的情绪能力　/ 050

　　和孩子一起补上"情绪教育"这一课　/ 050

　　提高自己对情绪的敏感度　/ 055

　　觉察日记　/ 061

　　亲子游戏："我的心情故事"　/ 061

第二部分
有效倾听，被理解的孩子更自信　/ 063

第一节　正确应对分离焦虑　/ 069

　　家长要帮助孩子缓解分离焦虑　/ 069

　　分离焦虑的本质是联结断裂　/ 075

　　觉察日记　/ 079

　　亲子游戏："云寻宝"　/ 079

第二节　家长如何帮助孩子克服恐惧　/ 080

　　知己知彼，揭秘恐惧的真相　/ 080

　　将"恐惧"外化，找到合适的相处方式　/ 083

　　觉察日记　/ 091

　　亲子游戏："恐惧协会颁奖仪式"　/ 091

第三节　支持孩子的社交发展　/ 093

　　从出生到青春期的社交发展需求　/ 093

　　男孩和女孩的社交差异　/ 100

　　觉察日记　/ 105

　　亲子游戏："爬楼梯"　/ 106

第四节　孩子沉迷电子产品，家长怎么办　/ 108

　　家长需要正视孩子的压力　/ 108

　　孩子沉迷电子产品　/ 111

　　觉察日记　/ 114

　　亲子游戏："情绪大棋盘"　/ 114

第五节　在多子女家庭中，家长如何让孩子们和平相处　/ 116

　　通过游戏，让竞争变成合作　/ 116

　　放下比较和公平，让孩子成为他自己　/ 121

　　觉察日记　/ 125

　　亲子游戏："亲吻口香糖"　/ 125

第三部分

有效设限，有边界的孩子更自律　/ 127

第一节　建立规则意识，爱和边界都很重要　/ 134

　　家长该如何培养孩子的边界感呢　/ 134

　　在给孩子设立界限时，家长会遇到哪些问题呢　/ 137

　　家长该如何给孩子设立界限呢　/ 145

　　觉察日记　/ 148

　　亲子游戏："糖果管理员"　/ 148

第二节　坚持上兴趣班，孩子不能只靠兴趣　/ 150

　　敢于尝试，也要敢于放弃　/ 150

　　把兴趣变成热情，让成就感替代挫败感　/ 153

　　觉察日记　/ 158

　　亲子游戏："多感官卡片游戏"　/ 159

第三节　懂点脑科学，发展孩子的专注力和自控力　/ 160

　　孩子的专注力真的不好吗　/ 160

　　自控力是如何发挥作用的　/ 166

　　觉察日记　/ 170

　　亲子游戏：冥想　/ 171

第四节　叛逆的孩子，只是想长大　/ 172

　　用欣赏的眼光看待孩子的叛逆　/ 172

　　面对叛逆的孩子，家长该怎么做　/ 175

　　觉察日记　/ 177

　　亲子游戏："空中脚踏车"　/ 177

第五节　给足自己心理营养，做一个有松弛感的家长　/ 179

　　充满自己的爱之杯，才能给孩子蓄杯　/ 179

　　学会笑声策略，营造轻松的家庭氛围　/ 186

　　觉察日记　/ 190

　　亲子游戏：专属游戏时间　/ 190

参考书目　/ 193

01

第一部分

有效沟通,孩子更愿意合作

有效养育：如何培养自律自信的孩子

为什么有的孩子听不进去家长讲的道理呢？因为有的家长在给孩子讲道理时，使用的是成人化语言，而不是儿童化语言。那么，什么是儿童化语言呢？儿童化语言是指符合儿童心理、儿童语言习惯和接受水平的口语。家长在和自己的孩子说话时，要尽量使用儿童化语言，以便更好地走进孩子的内心世界。

作为家长的你，有没有对自己的孩子说过以下这些话呢？

"快点快点，你要迟到了！"
"快点漱口，抓紧时间啊！你在想什么呢？"
"快点穿鞋，快点啊！你在磨蹭什么呢？"
"快点走吧，我还要回家给你做饭呢！"

如果你问孩子"我每天对你说的最多的话是什么呢？"，也许你的孩子会告诉你"是'快点快点'"。

一开始，我认为自己不存在催促孩子的问题。当我用心留意了一下自己的说话方式时，我发现自己在面对孩子早上起床和晚上睡觉这两件事时，会忍不住对孩子说"快点快点"。

在父母课堂上，我会请家长们具体列出他们所遇到的养育难题。"拖拉磨蹭"是高频出现的词。有的家长从孩子蹒跚学步起，就一直不停地催促孩子。家长这样做不但没解决孩子"拖拉磨蹭"的问题，还"收获"了满满的挫败感，破坏了亲子关系。

作为家长，我们总是忍不住用自己的标准去要求孩子，希望孩子能够像一个成人一样跟上我们的节奏，却忽略了孩子并不是缩小版的成人，孩子有自己的内在节奏，有自己作为孩子的特点。

有的孩子在做某件事情时完全投入，忘记了时间流转，忘记了周围世界的存在。有的孩子会蹲在地上，观察蚂蚁搬家，一蹲就是几个小时，非常专注。有的孩子在听故事时会表现得非常投入，那种专注的眼神真的很打动人。孩子在做这些事情时，会把自己当成蚂蚁的一员，或者把自己当成故事中的某个角色。我们如果在这个时候突然打断孩子，比如一下子拉起蹲在地上的孩子就走，一下子停止给孩子讲故事，就相当于一下子将孩子从想象的世界里拽出来。

我们总是抱怨孩子做事情"拖拉磨蹭"，却没有意识到我们的催促和打断对沉浸在想象世界里的孩子来说是一种莫大的打扰。

有的孩子从一件事情转换到另外一件事情，需要更多的时间。有的孩子做不到快速转换，也做不到同时做好几件事情。

有的家长可能会说："那我该怎么办呢？我的时间就是很紧迫啊！早上将孩子送到学校后，我才能去上班。等孩子晚上睡着后，我还得加班。现实情况就是这样。我真的没有那么多的时间去等着孩子慢慢地转换场景啊！"

我会说："别着急。在成人的世界和孩子的世界之间，有一座非常好的桥梁，那就是游戏。"

当你认真观察自己的孩子时，你会发现孩子无时无刻不在玩游戏。游戏就是孩子的生活，游戏就是孩子的语言。家长如果希望自己走进孩子的内心世界，就要去了解孩子的语言，用孩子的语言和孩子交流。

在跟随《游戏力：会玩儿的父母大智慧》（下文简称《游戏力》）的作者美国儿童心理学家劳伦斯·科恩博士持续学习的过程中，我总结了游戏对儿童心理健康的重要意义。

有效养育：如何培养自律自信的孩子

1. 孩子可以通过游戏获得乐趣和亲密感

请你想一想：你的孩子最近一次开怀大笑是什么时候呢？

有一位妈妈这样对我说："我和孩子一起哈哈大笑的时光就是我送给孩子的一颗颗方糖。当我不在孩子的身边时，这些方糖会陪伴孩子熬过那些艰难的日子。"

在游戏中，家长和孩子的眼神交流、身体接触、同频的笑声，无疑会增强家长和孩子的亲密感。很多年龄小的孩子会很自然地与家长保持亲密感。随着年龄的增长，有的孩子和家长的关系不再像小时候那样亲密了。亲子游戏可以让家长和孩子的关系保持亲密。

2. 孩子可以通过游戏释放负面情绪

我曾在我的公众号上做过调查，调查的结果显示：80%的家长认为，在养育孩子的过程中，最难处理的问题就是孩子的负面情绪。

年龄小的孩子会用哭闹来发泄自己的负面情绪。随着年龄的增长，有的孩子会用破坏东西、伤害自己、打人、发脾气、尖叫等方式来释放自己的负面情绪。孩子如果不会合理地释放自己的负面情绪，就容易伤害到自己。

家长应该教会孩子释放负面情绪的方法，并培养孩子控制情绪的能力。当孩子有负面情绪时，家长可以陪着孩子一起画画、讲故事、玩游戏、跳舞等。

亲子游戏可以给孩子提供一个释放情绪的出口。家长可以通过亲子游戏给孩子提供一个安全的、被接纳的外部环境。孩子可以在这个环境中感受到家长的理解和接纳，释放自己的负面情绪。

3. 孩子可以通过游戏获得力量与社交技能

针对不同性格特点的孩子，经典的亲子打闹游戏有不同的玩法。

性格外向的孩子通过打闹游戏释放力量，练习掌控自己身体的能力。性格内向的孩子则通过打闹游戏激发内在力量，增强自信心。

家长如果稍加留意孩子的成长过程，就能注意到：孩子会在游戏中进行社会化学习。有时候孩子们只要在一起玩一个游戏，就很自然地成了朋友。

年龄小一点的孩子开始观察和模仿他人，喜欢玩过家家之类的游戏。这类游戏的实质是孩子模仿现实生活的场景。孩子可以在反复玩这类游戏的过程中，了解不同的生活角色，以及这个世界是如何运转的。

年龄大一点的孩子开始和其他孩子一起玩游戏，并在产生冲突 - 解决冲突的过程中习得解决问题的能力，发展共情能力。

年龄再大一点的孩子开始和自己的朋友一起玩游戏，游戏的范围会扩大，种类会增加。一起玩游戏是孩子们重要的社交方式之一。

4. 孩子可以通过游戏培养抗挫折能力和自信心

在发展自信的过程中，孩子不仅要与养育者形成牢固的联结，还要有掌控自己身体的机会，尝试冒险并得到鼓励。

一两岁的孩子被家长举过头顶，一次又一次地被抛起来，再被接住（上述动作有危险，请家长谨慎对待）。在这个过程中，孩子不断地体验到冒险的感觉，也坚信家长一定会确保他的安全。

三四岁的孩子，开始从"推倒家长"的游戏中获得自信。六七岁的孩子，在游戏中拼尽全力与家长对抗，想要感受到自己的内在力量。家长则需要把握好自己的力度，恰到好处地让孩子赢，寻找一切机会帮助孩子感受自己的力量。

因此，在游戏的世界里，孩子是原住民，成人只是匆匆的过客。

作为家长的我们，别忘记自己也曾经是一个孩子，也曾经在游戏的世界里居住过。只不过现在我们长大了，融入了纷繁复杂的现实世界。

这本书对于家长来说，具有唤醒的作用，唤醒家长作为孩子的那部分记忆，唤醒家长内心里本来就有的"游戏力"。家长可以用游戏的方式和孩子建立联结，用游戏的方式和孩子对话，从而赢得孩子的信任，让孩子更合作。

第一节
反复说教不管用，家长怎么办

★ 掌握游戏的两大精髓——"装傻"和"联结"

一个 3 岁的小女孩不喜欢刷牙。于是她的妈妈拿出两张抽纸，并在每张纸上面各抠一个洞，一手挂一张。妈妈晃一晃左手，说："宝宝，你要不要去刷牙啊？"妈妈晃一晃右手，再说一遍："宝宝，你要不要去刷牙啊？"妈妈如此重复几次之后，小女孩就自己跑去刷牙了。

这种"玩偶对话"游戏的方式会让孩子感觉很有趣，愿意听从家长的安排。当孩子不愿意做某些事情时，家长如果只会反复唠叨和提醒孩子，就可能会引起孩子反感。

家长可以借助游戏进入孩子的内心世界，用儿童化语言和孩子对话。如果孩子的内心感受能够借助游戏被家长觉察，孩子就会更加愿意听家长的话。

有效养育：如何培养自律自信的孩子

1. 游戏的第一个精髓是家长要学会"装傻"

在现实生活中，有的家长在孩子心目中的形象是高高在上的、聪明的、有力量的、无所不知的、无所不能的……这些完美的形象让一些孩子充满了挫败感。

随着年龄的增长，孩子的内在力量也在不断地增长。家长如果不能给孩子提供自由生长的空间，就可能会导致亲子冲突。

孩子因为努力生长的本能，会自然地对抗家长。即使家长说教的本意是为了孩子好，有的孩子也会本能地反感家长的说教。

在日常生活中，家长需要放下自己的高姿态，学会"装傻"。家长如果学会了"装傻"，就相当于给孩子提供了一个自由成长的空间，让孩子主动成长，让孩子自己做决定。等孩子的内在力量有了向上生长的空间以后，孩子自然就愿意合作了。

有一天早上，见我儿子不愿意起床，我就灵机一动，想了一个办法。我走进儿子的房间，突然惊呼："哎呀，糟了，我的儿子怎么不见了？睡了一晚上，我儿子怎么就不见了呢？"

我一边说着，一边走到我儿子的床前一通乱摸。摸到我儿子以后，我继续"装傻"，并故意夸张地说："哎呀，这是什么呢？怎么还会动呢？我的儿子去哪里了？"

这个时候，我儿子通常会继续躲起来，或者故意动两下，配合我的游戏。我则继续"装傻"，说："哎呀，这里怎么一直在动啊？这是什么呢？是不是你把我的儿子吃掉了？"我儿子终于忍不住咯咯笑起来，非常配合地起床、穿衣服。

有时，家长需要放下那些所谓的说教，用搞笑的、好玩的方式向孩子提出自己的要求。

作为家长的你，可以不用催促、唠叨的方式提醒孩子写作业，而是随意起一个老掉牙的调子，开始唱起来："啊，时间到了，你怎么还不去写作业呢？你的老妈要生气了，马上就要爆发了……"

如果你的孩子已经十几岁了，此时的你肯定会收到一个白眼，然后耳边飘来一句"你真幼稚！"。这正是考验你的时候。孩子越说你幼稚，你越要继续唱下去："你说的话真对呀！我就是这么幼稚呀！为了让你写作业，我什么办法都用了，可你就是不听呀！你让我怎么办呢？"此时，你还需要放下自己的预期，不要觉得自己"装傻"了，陪孩子一起玩游戏了，孩子就一定会配合。

2. 游戏的第二个精髓是家长与孩子建立联结

你只有真的放下游戏的目的性，愿意和孩子一起玩游戏，才能真正地走进孩子的内心世界，和孩子建立联结，并赢得孩子的合作。

你可能会问：家长和孩子一起玩刷牙的游戏，孩子就一定会配合刷牙吗？家长唱着歌提醒孩子写作业，孩子就一定会好好写作业吗？如果你带着强烈的目的性去和孩子玩游戏，那么结果通常会让你失望。

我认为，所有不以联结为目的的游戏都是变相的控制。家长学习的目的不应该是用游戏去对付自己的孩子，而是通过游戏的方式走进自己的孩子，了解自己的孩子，和自己的孩子建立联结，建立良好的亲子关系。

在良好亲子关系的基础上，家长所学到的一些养育方法、沟通技巧等才会在孩子的身上发挥作用。养育孩子的底层逻辑是家长和孩子建立亲子联结。家长需要和孩子建立联结，和孩子站在一起，帮助孩子生长出内在的力量，而不是站在孩子的对立面，遏制孩子成长。

有效养育：如何培养自律自信的孩子

我微信群里的一个13岁孩子的妈妈，在和孩子一起玩游戏时被嫌弃。这个妈妈就将这件事的来龙去脉发到群里，引起了众多家长的讨论。家长们纷纷分享自己对"装傻"和"联结"这两个游戏精髓的看法：

"装傻"就是妈妈用游戏的方式对孩子说"我爱你"。

"装傻"就是我此刻愿意和你在一起，不管你怎么嫌弃我。

被孩子嫌弃了，妈妈还要继续"装傻"，那就是在告诉孩子，妈妈真的很爱他。

"联结"就是，你是发射塔，我是接收器，互相回应。

"联结"就是，感受到对方的感受，心灵相通，你懂我，我懂你。

"联结"就是，你看到我了，并将全部的关注点都放在我的身上。

快要结束讨论时，这位妈妈总结：装傻＝厚脸皮（方法）＝我爱你（核心）。这是一位多么富有智慧的妈妈啊！我要为这位妈妈点赞。经过激烈的讨论以后，群里的家长们对游戏的认知更加清晰了。

关于亲子之间的联结，我的朋友小婷写了这样一段话："在孩子很小的时候，我们一起玩躲猫猫的游戏。从遮住脸的那一刻起，我就和孩子一起经历了一次短暂的分离。当我和孩子再次见面时，我就和孩子建立了联结。当孩子受挫时，我走过去看看孩子，拍拍孩子的肩膀，也能和孩子建立联结。"

随着孩子年龄的增长，有的家长和孩子的联结就变得不那么紧密了。此时，家长需要改变自己和孩子之间的相处方式。家长需要真心关注孩子的事情。当孩子自己玩游戏时，家长可以问孩子一句："我能看看你在玩什么吗？"

家长如果没有养成和孩子一起玩游戏的习惯，在和孩子一起玩游戏时就会觉得尴尬，不舒服，甚至会有一些抵触情绪。其实这些都是非常正常的现象。

有的家长因为没有和自己的父母玩过游戏，缺乏玩亲子游戏的体验，就很难和自己的孩子一起玩游戏。

在我的线下父母课堂上，我会带领家长们一起玩各种各样的游戏。有的家长一开始觉得自己没有玩游戏的天分，不知道怎么玩。通过我的引导，大部分家长可以做到轻松玩游戏。

家长在亲子游戏中感受到了哈哈大笑的酣畅淋漓、心与心的贴近、内在力量的释放，打开了自己的游戏通道，有了真实的游戏体验。其实，家长和孩子一起玩游戏并没有想象的那样难。

★ 用床上游戏来解决早起、睡前的亲子冲突

我们如果稍微观察一下就会发现：亲子冲突爆发密集的两个时间点是早起和睡前。

如果家长愿意多花点时间，让孩子每天的生活从游戏开始，以游戏结束，亲子关系一定会更加美好，各项事务也会进展得更加顺利。

1. 亲子联结的状态

为什么早上和晚上是亲子冲突爆发密集的两个时间点呢？我觉得这个问题的原因和亲子联结有关。

我认为人与人之间有三种联结状态。

第一种叫作联结状态。这是家长需要努力才能达到的一种状态，是理想的亲子关系状态。有了亲子联结以后，即使遇到未知的挑战，家长也可以和孩子一起面对。

第二种叫作联结断裂状态。在日常的生活中，家长和孩子会发生许多次的联结断裂。家长和孩子发生冲突时，孩子发脾气大吼大叫时，孩子哭闹不愿意配合时，都是联结断裂的时刻。联结断裂是亲子冲突发生的根本原因。

第三种叫作联结重建状态。家长如果想要解决亲子冲突，就要进入第三种状态。家长和孩子平等沟通，倾听孩子的心声，与孩子和解，拥抱孩子……都是在做同一件事——重建联结。

重建联结并不容易。当孩子小心翼翼地想找你和好，但你的气还没消的时候；当你试着去拥抱发脾气的孩子，却被孩子一把推开的时候……这些都是重建联结失败的时刻，此时非常考验你重建联结的决心。

2. 联结断裂、联结重建的两个关键时间点

每天早上起床和晚上睡前就是联结断裂、联结重建的两个关键时间点。

工作了一天的家长，在学校待了一天的孩子，很容易积压各种不良情绪。这些不良情绪很容易让家长和孩子处于联结断裂的状态。

晚上，孩子回到家人身边以后，身心逐渐放松下来，就会用自己的方式释放积压了一天的不良情绪，其实这是孩子在向家人发射重建联结的信号。

如果家长没接收到这个信号，总是盯着孩子的作业、学习，以及孩子在学校的表现，那么从放学回家到晚上睡觉前，孩子就一直没有机会和家长重建联结。这也是有些孩子写作业磨蹭的原因。孩子想用写作业磨蹭的行为提醒家长："我们之间的联结断裂了，我需要你和我重建联结。"

遗憾的是，有的家长并没有接收到这些信号。于是等到了睡觉时间，那种很强的挫败感伴随着积压了一天的负面情绪就会被集中爆发出来。

有的家长工作了一天，回到家之后还要做各种家务，陪伴孩子写作业，有时还要承受着工作的压力，处于情绪崩溃的边缘。因此，晚上入睡前的这段时间是一些家长身心俱疲的时候。家长和孩子尤其容易在这段时间爆发亲子冲突。

3. 通过睡前游戏的方式重建联结

家长和孩子可以通过睡前游戏的方式重建联结。

我儿子在 5 岁之后，很喜欢和他爸爸一起玩一些力量游戏。

我儿子和他爸爸喜欢玩"手扶拖拉机"的游戏。爸爸在后面抬起孩子的双脚，孩子用双手往前爬行。这个游戏非常耗费体力，有助于孩子在睡前释放能量。有的妈妈将这个游戏与收玩具结合起来，就变成了儿童版的"手持吸尘器"游戏。

我儿子还要求他爸爸抓着他的双脚让他倒立起来，脑袋顶在床上

有效养育：如何培养自律自信的孩子

转圈圈，他很享受那种眩晕的感觉。

我儿子还喜欢和他爸爸一起玩"倒挂蝙蝠"的游戏。爸爸站在床边上，用力拉着孩子的双手，孩子的双脚踩在爸爸的腿上，孩子一步一步地往爸爸的上半身挪动。这个游戏考验的是亲子之间的配合程度。

面对小一点的孩子时，爸爸妈妈可以躺在床上，手脚随意地搭在旁边的墙上或者围栏上，人为造出几个洞洞，让孩子自由地钻来钻去，这就是非常简单的"钻山洞"游戏。年龄大一点的孩子可以玩掰手腕、摔跤等游戏。

有的家长担心睡前玩游戏会让孩子兴奋得停不下来。确实，有些孩子的精力真的非常旺盛，真的是"充电5分钟，待机一整天"。如果孩子特别亢奋，根本停不下来，那是孩子的能量还没有被耗完的一个信号。家长可以有意识地多陪孩子玩一些力量游戏。

家长还可以在睡前通过场景转换游戏帮助孩子安静下来。当游戏结束，孩子还没有尽兴时，不管家长说多少遍"赶紧躺下睡觉！"，孩子都很难安静下来。遇到这种情况时，我会假装紧张地对我儿子说："快快快，你赶紧躲进被子里假装睡着了。一会儿你爸爸进来后，他肯定会想这是怎么回事啊，孩子怎么这么快就睡着了呢。"我儿子一听，赶紧躺在被子里，努力憋着笑，假装睡着了，然后他就慢慢地安静下来了。

家长可以结合孩子的特点，选择不同的场景转换游戏。如果一个女孩在睡前刚刚读完公主主题的绘本，那么家长就可以这样说："宝贝，你能给妈妈演示一下公主是怎么睡觉的吗？"而家长可以对男孩这样说："我们来玩一个躺着不动、不说话、不笑的游戏吧。谁坚持得越久，谁就获胜了。"

另外，"床上木头人"的游戏可以帮助孩子完成从动到静的状态转换。盖上被子，关上灯，孩子的腿脚还在被子里随便乱动，此时家长就可以喊"一、二、三，我们都是木头人，不许说话，不许动"。孩子的腿脚就不会乱动了。在玩这个游戏的时候，家长可以把握一下节奏，让静止的时间越来越长，这样玩不了多久，孩子就能安静下来了。

家长还可以和孩子一起玩轮流编故事的游戏，家长随便说一个搞笑的开头，比如"天上飞来一只猪……"，然后孩子接着说一段故事，家长再接着说一段故事，如此循环，直到孩子说累了，或者慢慢地将故事情节引到"天黑了，大家都累了，猪宝宝闭上了眼睛，慢慢地睡着了"。

家长在和孩子一起玩睡前游戏时，需要花点时间，花点心思。一方面，家长可以通过游戏让孩子安静下来，完成睡前状态的转换；另一方面，家长可以通过游戏与孩子重建联结，让孩子心情愉悦，传递爱与关怀。

值得一提的是，在玩睡前游戏时，家长一定要预留足够多的时间，尽量让孩子玩尽兴。家长不应该带着强烈的目的性，要全情投入到游戏中。如果家长不能享受玩游戏的感觉，孩子就会感受到家长的敷衍。家长需要牢记睡前游戏的最终目的是与孩子重建联结，而不是让孩子去睡觉。

当孩子睡觉时，家长和孩子处于联结断裂的状态。孩子和家长分离了一个晚上。在早晨时，家长和孩子需要一个重建联结的仪式。如果缺少了重建联结的部分，孩子直接起床去上学，家长和孩子就容易处于联结断裂的状态。

如果家长和孩子一直处于联结断裂的状态，孩子怎么能开开心心

有效养育：如何培养自律自信的孩子

地去上学呢？孩子怎么能专心听讲，认真写作业呢？虽然早上的时间特别紧张，但是家长同样可以在早上通过游戏与孩子实现联结。当孩子早晨睡醒睁开眼睛时，家长要做的第一件事不应该是催促孩子起床，而是与孩子重建联结。家长可以给年幼的孩子一个早安吻，专注地看着孩子，温柔地抚摸孩子的小脸蛋，让孩子感受到起床的仪式感。

如果家长愿意花时间陪孩子一起玩游戏，让美好的一天从游戏开始，那么家长和孩子就都能收获满满的爱，精神百倍地投入一天的工作或学习中。家长和孩子一起玩游戏能够让孩子受益一生。

★ 觉察日记

（1）你是怎样理解"装傻"和"联结"这两个游戏精髓的呢？"装傻"和"联结"对你来说意味着什么呢？

（2）在生活中，你是一个容易与他人建立联结的人吗？与他人建立联结对你来说意味着什么呢？

（3）回忆一下近期孩子带给你的挑战，这些挑战意味着孩子向你发出什么样的信号呢？你和孩子的联结处于哪种状态呢？你和孩子当下的需求是什么呢？

（4）你可以花点心思，花点时间，找到一种特别的联结方式，让孩子感受到独一无二的联结仪式感。

★ 亲子游戏："扔炸弹"

使用场景：睡觉之前，全家总动员。

这个游戏是我儿子自创的。我抱着我儿子，我儿子抱着几个玩偶，我负责喊"一二三，扔！"，每喊完一次，我儿子就扔掉一个玩偶。我们俩一直重复这样的动作，直到我儿子扔掉最后一个玩偶后，我儿子就被我"扔"出去了。在整个玩游戏的过程中，我儿子会哈哈大笑，特别开心。

如果家里有好几个年幼的孩子，家长就可以让孩子们抱着玩偶玩这个游戏。玩游戏的人越多，孩子们越快乐。

孩子玩得太兴奋，这根本不是一个问题。只要家长给孩子留出足够多的游戏时间，孩子就可以通过游戏来实现从特别闹腾到特别安静的转换。

家长可以让自己的喊声越来越低，扔"炸弹"的动作越来越轻，直到最后静悄悄地结束游戏。孩子从哈哈大笑到最后憋住不笑的过程，就是孩子努力调节情绪、完成场景转换的过程。

家长如果掌握了玩游戏的底层逻辑，就可以随时随地和孩子一起玩游戏，在游戏中满足孩子的需求，赢得孩子的合作，减少亲子冲突。

第二节
面对拖拉、磨蹭的孩子，家长怎么办

如果家里有一个拖拉、磨蹭的孩子，家长该怎样做呢？

★ 站在孩子的角度，理解孩子的行为

"孩子拖拉、磨蹭"是众多家长面临的养育挑战。小到一两岁的孩子，大到几十岁的成年人，都会被"拖延症"困扰。

对于学龄前的孩子来说，不到刷牙、洗澡、睡觉、起床的时间，一切都是岁月静好；一到了刷牙、洗澡、睡觉、起床的时间，亲子关系的小船说翻就翻。有的家长忍不住提醒和催促孩子，结果是越催孩子，孩子越慢，最终陷入亲子对抗的旋涡。亲子对抗的背后其实是家长和孩子的需求、节奏发生了冲突。

1. 家长忽略了孩子对掌控感的需求

在现实生活中，孩子的生活大多由成人安排，比如几点起床、几点上学、几点放学等。孩子在学校里要听老师的话，在家里要听家长的话。有的孩子缺乏自己做决定的机会。

孩子对掌控感的需求如果没有在生活中得到满足，就会极力寻找自我满足的机会。年龄小的孩子会通过拖拉磨蹭、不听家长的话、不听老师的话等方式来满足自己对掌控感的需求。年龄大一点的孩子则会通过在小群体中主导他人来满足自己对掌控感的需求。

家长可以换一个角度，用游戏代替催促，在游戏中满足孩子的需求，让孩子更愿意合作。

家长可以和孩子一起玩"快慢停止"的游戏。在玩这个游戏时，大家轮流发出指令，其他人则根据指令做出相对应的动作，比如快走、慢走、停下等。

当孩子作为发出指令的一方时，家长可以用"装傻"这个游戏精髓，假装笨手笨脚的，总是做出错误的动作。家长这样做会让孩子哈哈大笑。家长在和孩子玩"红灯停，绿灯行""木头人""冻住了"等游戏时，也可以用"装傻、出错"的行为逗孩子开心。

家长还要始终牢记"让孩子主导游戏"的原则。在游戏中，孩子作为发出指令的一方，掌控游戏的进展，会极大地满足自身对掌控感的需求。

孩子如果在游戏中获得了满足感，缓解了自身的焦虑情绪，就愿意和家长合作，配合家长的节奏。

家长不仅需要在游戏中让孩子拥有掌控感，还需要在现实的生活中给孩子自己做决定的机会。随着孩子年龄的增长，家长要学会放手，

有效养育：如何培养自律自信的孩子

放宽选择的范围，让孩子自己做决定。

当几个月的宝宝想要某样东西时，家长不要急着拿给宝宝，而是等待一会儿，鼓励宝宝爬过去拿。

当孩子两岁左右时，家长就可以让孩子自己决定穿哪双鞋子、读哪本书，也可以让孩子自己决定去哪家餐厅就餐，让孩子点一道他自己喜欢吃的菜。

当孩子五岁左右时，家长就可以让孩子自己记录老师布置的小任务，而不是一切都帮孩子准备好。

当孩子七八岁时，家长就可以通过问问题的方式让孩子自己制订作业计划或假期计划。

当孩子十岁左右时，孩子就可以自己安排时间，确保自己既能高效地完成作业，又能愉快地玩耍。这种独立自主的能力是可以让孩子受益终身的。

2. 家长和孩子的节奏不同频

有的家长之所以觉得自己的孩子拖拉、磨蹭，其实是因为家长站在自己的角度去看孩子，而此时年幼的孩子和家长是不同频的。你如果觉得自己的孩子总是拖拉、磨蹭，就应该反思一下自己。每个孩子都有自己的成长节奏。

有的家长脑子里装了几个关键的时间点，比如孩子早上几点之前起床，早上几点之前出门上学，晚上几点之前完成作业，晚上几点之前关灯睡觉……这些时间点一方面可以提醒家长和孩子，另一方面也会给孩子带来无形的压力。如果闹钟响了，就意味着时间到了，身体的细胞开始调整到"备战"状态。

在现实生活中，有的妈妈给孩子做的日常学习计划表，精确到每一分钟应该做什么。这样的计划表容易破坏亲子关系。多少家庭因为一张日常学习计划表而硝烟四起。

作为一个喜欢做各种计划的人来说，我也曾经踩过坑。

随着年龄的增长，尤其是上了幼儿园之后，我儿子每天要完成的任务越来越多。我要陪我儿子做手工、读绘本、学英语，还得惦记着给我儿子做国学启蒙、数学启蒙……我每天要做的事情真的太多了！一开始我手忙脚乱，总觉得哪一样都不能落下，可是我的时间是有限的，做了这件事，就做不了那件事。

如果我按照自己的想法做出一张日常学习计划表，我儿子肯定会有畏难情绪，很难完成计划。只要我儿子有一件事情没完成，我就开始着急，一着急我就控制不住自己的坏情绪，在跟我儿子说话时就难免将自己的坏情绪传递给他。我儿子因此变得拖拖拉拉，伴随着各种抵触情绪。意识到这个问题之后，我就开始反思。

我真的需要我儿子每天按照计划表完成所有的事情吗？我问自己：我最看重的是什么？我仔细思考了一番这个问题，总结了以下四点：

第一，孩子每天需要有独处的时间，自由玩耍有助于自身的成长。适当的闲暇和自由玩耍有助于孩子的身心健康发育。那些看似发呆的独处时光，那些看似疯玩的时光，都会成为孩子生命中充满活力的底色。

第二，孩子能够长期坚持做一件事，养成坚持不懈的品质。家长要让孩子长期坚持做一件事情，并让孩子习得深度学习的能力，不能让孩子养成浅尝辄止，遇到一点困难就退缩的习惯。好的习惯能让孩

有效养育：如何培养自律自信的孩子

子受益终身。

第三，孩子具有良好的自我管理能力，有学习的自驱力，而不是一直需要家长来催促和提醒。

第四，孩子养成良好的中英文阅读习惯。孩子坚持每天读中英文的阅读材料，持续输入，相信积累的力量，相信时间的力量。

根据以上四点，我将计划表做了一些调整，跟孩子约定好睡觉的时间，并留出足够的睡前阅读时间，然后倒推每晚的时间安排。于是孩子晚上的时间被简化为四个时间段：自由时间、专注时间、阅读时间和亲子时间。

自由时间。孩子可以自行安排，做任何想做的事情。当然，必要的限制还是要有的，比如孩子每次看电视不能超过多长时间等。

专注时间。孩子可以在这个时间段内完成1~2个小任务。孩子也可以在这个时间段内完成老师要求的任务。等上学之后，孩子就可以利用这段时间完成课后作业。

阅读时间。在大语文时代，真正考验的是孩子的阅读量。孩子可以通过大量的阅读加深自己对字、词、句的理解。家长一定要帮孩子养成良好的阅读习惯。

亲子时间。在这个时间段内，家长可以和孩子一起玩亲子游戏，或者一起聊天。家长可以利用每天的亲子时间和孩子建立联结。家长千万不要因为日常的忙碌而忽略了孩子。

有的家长总想为孩子安排好一切，觉得孩子按照自己的安排做事情会更高效，希望孩子配合自己的节奏，然而孩子有自己的节奏。我认为，家长要做的是帮助孩子制订计划，而不是为孩子安排好一切。

家长要学会放手，给孩子自由成长的机会和空间。这个放手的过程可能需要家长花费一些时间。从长远来看，家长让孩子养成良好的习惯，让孩子为自己的人生负责，能够让孩子受益终身。

★ 让孩子养成主动写作业的习惯

"不写作业母慈子孝，一写作业鸡飞狗跳。"这句话形象地描述了家庭作业是亲子冲突爆发的导火索。孩子上了小学之后，"拖拉、磨蹭"这个难题就聚焦在了写作业上。

有的孩子是家长不催，他就不写作业；有的孩子是家长催了，他还是不写作业；有的孩子是即使开始写作业了，也是一会儿抠抠橡皮，一会儿去上厕所，一会儿喝口水，很难静下心来写作业。明明只用半个小时就能完成的作业，孩子却能拖到晚上八九点才开始写，直到晚上十一二点才勉强完成作业。这就导致孩子的睡眠时间不足，第二天的听课状态差，听课状态差就会导致孩子不会写作业，孩子更加拖拉、磨蹭，形成恶性循环。

这样的恶性循环对家长和孩子来说都是一种能量的消耗。日复一日，孩子越来越不喜欢学习，家长对孩子越来越没有信心。如何摆脱这样的恶性循环呢？

1. 培养孩子的秩序感

家长需要思考：孩子形成内在的秩序感了吗？孩子知道自己需要在什么时间做什么事情吗？孩子在学习上遇到困难了吗？孩子得到他人的支持和帮助了吗？

我先来说一说内在的秩序感。如果孩子每天的节奏都是混乱的，做什么事情都需要他人催促和提醒，那他就很难形成自驱力。家长可以帮助孩子梳理一下每天的时间安排，和孩子一起讨论需要完成的事情，以及如何合理安排时间。

在我儿子上小学之后，我和他经常因为是先写作业还是先玩而爆发亲子冲突。

我希望儿子先完成作业以后再玩耍，没有了作业的负担，这样玩起来更尽兴。我儿子却觉得自己在学校里待了一天，身心俱疲，他想先玩耍放松一下再去写作业。因为我和儿子思考问题的角度不同，所以我俩的观点是不同的。接下来，我们要如何处理这个问题呢？

于是我和儿子坐在一起讨论解决问题的方案。在讨论的过程中，我们俩都充分表达了自己的需求。儿子希望自己有跟小伙伴自由玩耍的时间，希望有读书的时间，希望有亲子游戏的时间。我希望儿子每天有足够的运动时间，可以在晚上8点之前完成作业并开始阅读，9点洗漱，在9：30之前上床睡觉。

经过反复尝试，我和儿子制订了以下日常生活惯例表：

16：30～18：00 和小伙伴一起在户外自由玩耍

18：00～19：00 吃晚饭

19：00～20：00 写作业

20：00～21：00 阅读时间（含亲子游戏的时间）

21：00 洗漱，上床睡觉

这个日常生活惯例表是我和孩子一起讨论出来的，满足了我们俩的需求。在此基础上，我们俩又充分考虑了各种细节。当儿子和小伙伴一起在户外玩耍时，我在家里做饭，并且会提前10分钟给儿子打电话，提醒他回家。当儿子写作业时，我收拾家务或者在他旁边看书。

在阅读时间，我们全家人一起阅读，玩亲子游戏。

外在秩序感的建立有助于孩子形成内在的秩序感。日常惯例则会内化成孩子日常生活的一部分。孩子知道什么时间该做什么事，减少了内耗，更容易养成自驱力。自驱力能够激发孩子的学习兴趣和热情，促使孩子提高做作业的效率。

2. 使用假期生活惯例表

有的家长抱怨孩子一放假，就放飞自我，很难完成假期作业。家长如果能够站在孩子的角度考虑一下，就会知道，孩子很容易在假期里处于一种慵懒、松散的状态。想让孩子主动从慵懒、松散的状态转换到写作业的状态是一件非常困难的事情。而假期生活惯例表能够让孩子在不同的状态中进行转换，让孩子既自律又自由，轻松完成假期作业。

3. 家长需要找出孩子写作业拖拉、磨蹭的原因

当然，我并不是说有了日常惯例表或假期生活惯例表，孩子就一定能高效地完成作业。家长还需要找出孩子写作业拖拉、磨蹭的原因。

有的孩子之所以写作业拖拉、磨蹭，有可能是因为他在学习上遇到了困难，产生了畏难情绪，也有可能是因为他感受到了学业的压力，自己无法面对或处理这些压力，表现出来的行为就是拖拉、磨蹭。

家长要仔细观察孩子的行为，寻找孩子拖拉、磨蹭的原因，而不是一味地催促孩子，或者干脆给孩子贴上拖拉、磨蹭的标签。

你如果觉得孩子写作业慢，就需要观察一下：孩子是写所有科目的作业都慢，还是写某一科目的作业慢？孩子所面临的具体困难是什么呢？作为家长，你可以做些什么呢？

小南每次都要拖到很晚才写完作业，并且稍微遇到一点困难就容易情绪崩溃，有时还会一边哭一边写作业。小南妈妈在耗尽了所有的耐心之后，就容易情绪崩溃，朝着小南大吼。

我帮助小南妈妈做了梳理，发现小南在生活中是一个心理承受能力弱的孩子。小南在写作业的过程中感受到了强烈的挫败感，无法承受心理的压力。

我建议小南妈妈在小南每天写作业前，帮助小南将作业分成一项一项的小任务，并列出任务清单，确保每项小任务只需要小南用10~15分钟就可以完成。小南每完成一项小任务，就可以在任务清单上的相应位置打钩。小南妈妈可以用击掌等方式给小南一些积极的反馈，帮助小南获得胜任感和成就感。

小南妈妈非常惊喜地告诉我："我昨天第一次尝试你教我的这个方法，小南就破天荒地在晚上9点之前完成了作业。小南感到特别开心，还有满满的成就感。"

孩子拖拉、磨蹭的背后是未被满足的需求。家长需要站在孩子的角度，处处留心，多观察孩子，给予孩子支持和鼓励。

★ 觉察日记

（1）早上的时间那么匆忙，你有没有催促过孩子呢？在这些催促的背后，你真正担心和焦虑的是什么呢？

（2）在生活中，你是一个敢于放手让孩子自己做决定的家长吗？你如果决定放手，要从哪一步开始呢？

（3）梳理一下你自己最近的生活安排。是已经形成了相对规律的生活节奏，还是生活像一团乱麻？你对孩子的时间安排有什么影响吗？

（4）如果你的孩子正在上小学，那么他写作业时的状态是什么样的呢？换个视角去看问题，你觉得孩子可能遇到了什么困难？孩子需要怎样的帮助呢？

★ 亲子游戏："跟随你的脚步"

使用场景：送孩子去上学的路上。

当你和孩子并排走在路上时，你假装手忙脚乱，努力和孩子的步调保持一致。如果孩子刻意快走或者慢走，并发出咯咯的笑声，那就说明你已经成功进入了孩子的游戏世界。

如果你和孩子正走在上学的路上，在路面上形成了影子，你就可以模仿孩子的动作，让自己的影子努力和孩子的影子保持一致。有的孩子一看到家长模仿自己，就会刻意做出各种动作。

这个游戏还可以演变成"踩影子游戏"。"踩影子游戏"的规则是努力让自己的影子不被踩到，同时还要去踩他人的影子。如果你的影子总是被孩子踩到，你却怎么也踩不到孩子的影子，这就会让游戏的效果更好。

一日之计在于晨。孩子早上的心理状态和情绪状态都是特别重要的。早上的亲子游戏除了能帮助家长和孩子建立亲密联结以外，还能给孩子足够的掌控感，让孩子更好地面对一天的学校生活。

第三节
进入孩子的假想世界，赢得孩子的合作

★ 孩子的假想游戏和家长的假设性问题

1. 家长可以通过游戏进入孩子的世界

我儿子刚上幼儿园时，还有几节早教课没上完，他需要在每周三放学后赶去上早教课。这样的时间安排对孩子来说是非常不合理的。

和妈妈分开了一天，孩子期待着和妈妈联结一下，亲密一下，回家玩玩，放松一下。孩子都没有和妈妈好好拥抱一下，就着急去上课，这种紧张忙碌的生活模式对孩子来说有点残忍。作为家长，我们该怎样帮助孩子更好地适应这种紧张忙碌的生活模式呢？答案是游戏。

孩子在假想游戏中所展现出来的能力是高于真实生活的。游戏为孩子提供了一个安全的庇护所，让孩子暂时脱离现实，表现出真实的自己。

有一次，我儿子刚从幼儿园出来，就需要赶到早教中心，两地之间有半个多小时的步行路程，时间还是有点紧张的，我儿子就产生了一些排斥心理。

这时我的电话铃声响了，我一看是骚扰电话就没接。然后我灵机一动，开始在我儿子面前表演："糟了，陈老师刚才打电话告诉我，早教中心着火了，需要消防员去帮忙，我们赶紧去吧。"

我儿子听了以后一秒入戏，说："妈妈，快点！我的工具呢？"说完，他"完成"了一位消防员在听到警铃后的全套准备工作：从二楼沿着滑杆滑到一楼，快速穿戴好防护装备……并问我："妈妈，哪里着火了？"我指着早教中心的方向，说："就在那边，我都看到烟了。"我儿子的表情、动作都配合到位，对我说："那我们快点行动吧，赶紧去救火。"

就这样，我们一路走，一路演，很快就到了早教中心。我儿子还沉浸在游戏中，说："妈妈，我去侦查一下，看看哪里需要救援。"我说："好的，你快去忙吧。等到上课时间时，我来叫你。"在整个过程中，我们俩配合得无比默契。这个游戏就是典型的假想游戏。孩子在此类游戏中变得更合作了。

有时，家长需要转换一下亲子沟通的方式，与其喋喋不休地催促孩子，和孩子讲道理，不如想想孩子最近喜欢什么，关注什么。游戏可以帮助家长进入孩子的世界，更轻松地赢得孩子的合作。

2. 家长的假设性问题

当我把这个经历分享给其他家长时，有一位妈妈提出了质疑，她问我："如果孩子到了早教中心以后，发现那里并没有着火，并嫌我们欺骗他，那该怎么办呢？该怎么界定'欺骗'和假想游戏之间的界限呢？"

在分享儿童心理学家对假想游戏所做的一些研究之前，我想先来说明一下。在父母课堂上，有的家长会提出一些假设性的问题，比如"如果我试了这个方法或者游戏，孩子不配合，我该怎么办？""如果孩子质疑我的方法，我该怎么办？""如果孩子把我看穿了，我该怎么办？"其实这些问题背后隐藏着家长强烈的目的——只要自己做了什么，就一定会获得想要的效果。

有一个家长这样问我："赵老师，如果我按照你告诉我的方法去做，孩子的行为会发生怎样的改变呢？这个过程大概需要多久呢？我可以看到这个结果吗？"通常我会对这类家长说："你即使对这些游戏或方法持有怀疑态度，也可以先尝试着去做。哪怕你抱着一种为了证明我说的方法无效的心态去尝试，也要先行动起来。每个孩子的情况是不一样的，每个家庭的情况也是不一样的。无论是哪一种情况，从'知道'到'做到'，这之间都隔着一条必经之路，那就是行动。"

3. 家长使用孩子的语言，赢得孩子的合作

请家长别忘了游戏的目的之一是联结。假想游戏的本质是换一种联结方式进入孩子的世界，使用孩子的语言，赢得孩子的合作。

有一个小女孩，她是我儿子的好朋友，他们俩经常在一起打打闹闹。起初我觉得俩孩子关系好，就没有太在意他们之间的打闹。在一次家庭聚会上，女孩的爸爸侧面提到了俩孩子打闹的事情，言外之意是我儿子在打闹时用的力气太大，让女孩觉得不舒服了。

回到家之后，我就和儿子沟通了这件事。一开始我只是告诉我儿

子，要学会尊重女孩子，学会控制自己的力量，但我儿子完全听不进去我的话，甚至对我的话有些反感。

后来我换了一种沟通方式。我对儿子说："如果你有一个妹妹，妹妹的好朋友是一个男孩，这个男孩经常在打闹的时候把你妹妹弄疼了，你会怎么办呢？"

我儿子立刻说："那我肯定会揍那个男孩。"

我接着说："对啊！你也知道心疼自己的妹妹，对不对？你不希望别的男孩把妹妹弄疼了，哪怕是闹着玩儿也不行。你的好朋友也是爸爸妈妈的宝贝，是哥哥心疼的妹妹呀。你是不是也应该站在自己好朋友的角度考虑一下呢？以后你再跟好朋友一起玩的时候，能不能控制一下自己的力量呢？"

随后，我在我儿子身上示范了一下，还一起练习了如何控制自己的力量。很明显，我儿子这次听进去我的话了。

★ 假想游戏对儿童发展的重要意义

儿童心理学家们在研究了儿童的假想游戏以后发现：假想游戏是一种有意识的、不含欺骗目的的游戏形式，以"好像"的状态为特征，儿童在准确地感知真实情境的前提下，有意想象出非真实的情形，并根据这种想法做出非真实的行为。这种假想游戏有助于儿童更好地适应当前的世界。

儿童可以将一根木棍想象成一把宝剑，也可以是一种好吃的食物。如果你说要把这个"食物"吃掉时，儿童就会告诉你，这是假装的食物，不能吃。由此可见，儿童完全可以区分真实和想象，也可以轻松回到现实之中。

儿童心理学家指出，假想游戏在儿童成长的过程中起到非常重要的作用。

1. 假想游戏可以满足孩子在现实生活中不能被满足的愿望

孩子可以借助假想游戏得到在现实生活中得不到的满足，比如孩子可以在家中"环游世界"。

在假想游戏中，孩子可以做一些在真实生活中不被允许的事情。有的孩子不想去幼儿园，就会说"我要把幼儿园炸掉"。如果孩子在游戏中气愤地说"我要把幼儿园炸掉"之类的语言，这并不代表孩子品性不好或者有暴力倾向，孩子只是有一些强烈的情绪反应，需要借助假想游戏释放自己的不良情绪。家长要尝试理解并接纳自己的孩子，而不是一味地指责、批评孩子。

孩子并不是真的要去炸掉幼儿园，他只是想借助这样的假想游戏处理自己的焦虑情绪。

有的人在商场里，既喜欢这件衣服，又想要那件衣服，因为经济条件所限，又不可能全部都买，但他只要将自己喜欢的衣服都试了一遍，哪怕最后只买了一件，也会得到极大的满足。有的人想买一辆车，预算有限，可选择的车型也有限，但他只要在4S店里试驾一下，哪怕最后没有买，也会觉得特别满足。

其实我们的孩子也是这样的。当孩子想要某个玩具或者想去做某件事情时，家长不可能都满足孩子。孩子可以在游戏中将自己的这些想法都表达出来，再和爸爸妈妈一起认真地讨论具体的细节，他就会非常满足。而在游戏中获得的这种满足感，可以带给孩子一些力量，帮助孩子缓解失落感。

学员小米对我说："我小时候，有一次，和妈妈一起去旅行，看到一个旋转木马，我很想去坐一下。那天旋转木马却因为机械故障被临时关闭了，我就没有办法坐旋转木马了。"

小米的妈妈在得到工作人员的同意后，让小米在马背上坐了一会儿，小米的妈妈则在旁边配音："小朋友请抓紧扶手，我们的旋转木马马上就要启动了，你的身体会随着音乐起伏摆动，请注意安全。你听到耳边的风声了吗？哇，我们越来越高了，又降下来了！我们又转了一圈，回到刚才的位置了，再来一圈……"

几分钟过去了，伴随着妈妈的解说"好，本次行程结束，旋转木马即将停止，离开时请注意安全"，游戏停止了。小米开心地牵着妈妈的手离开了。

小米一边红了眼眶，一边说："对于当时的那种感觉，我能记一辈子。我觉得妈妈很爱我。我之所以能理解我的孩子，容易接纳他，就是因为我的妈妈在我的心里储备了很多爱的力量。"

2. 假想游戏可以帮助儿童克服创伤性事件带来的压力

假想游戏能为儿童提供一个安全的空间，让儿童学会面对生活中的事情，不管是好的事情，还是坏的事情。有的孩子之所以害怕医生，害怕打针，就是因为这些经历给他带来了负面的感受，由此引发的负面情绪没有得到完全释放，再次遇见同样的场景时，负面的感受就会被激活。

有一次，我们带着两岁半的儿子出行时发生了车祸，我们的车在转弯时将一位快递员碰倒了。虽然此次事故不是很严重，但是它也给我儿子带来了一些影响。

那段时间我儿子最常玩的假想游戏是让各种小车撞到一起。这样的假想游戏可以帮助孩子梳理车祸的经过，了解现实，将发生的事情和由此带来的不良情绪分开。

不良情绪在游戏中得到了释放，而事情变成了记忆。孩子再次遇到类似的场景时就不容易产生强烈的情绪反应。

3. 在认知方面，假想游戏有助于儿童想象力的发展

在假想游戏中，儿童的角色，既是演员，又是导演；既是参与者，又是组织者。儿童需要有创造力和想象力地设置不同的场景，适时地进行场景转换，推动故事情节的发展。

我儿子和邻居家的姐妹俩经常一起玩的游戏是过家家。儿子和姐姐分别扮演爸爸妈妈，妹妹则扮演宝宝，爸爸妈妈会带着宝宝一起做各种各样的事情。在游戏中，我儿子拓展了想象力，学会了照顾他人、处理问题，更加深刻地理解了家庭关系。

4. 假想游戏有助于增强儿童的社交能力

大约从三岁开始，孩子从单独玩游戏转向和小伙伴们一起玩游戏。在团体的假想游戏中，孩子们需要制订计划，进行各项准备工作，分配角色，协商讨论，表达自己的观点，处理分歧，最终达成共识，让游戏继续进行下去。在这个过程中，儿童需要听取他人的想法，照顾他人的感受，处理冲突，更灵活地解决问题，发展出更强的计划性和组织能力。正如一位心理学家所说，孩子们在游戏中的行为表现会比平时更杰出。

5. 假想游戏有助于增强儿童的自信心

在游戏中发展和体验到的能力会大大提高孩子的自信心，并能迁移到真实的生活中。

在我儿子 7 个多月时，我就开始给他做英语启蒙。在我儿子 3 岁之前，我会给他读英语绘本，听配套的音频，而他很少开口说。

有一天晚上，我儿子突然说："妈妈，我们来玩一个'假装我是外国人'的游戏吧。在玩游戏时，我们只能说英文。"我说："好呀，怎么玩呢？"我儿子拿起来我经常给他读的一本英文绘本，就像平时我给他读书一样，开始讲："Now let me read a book for you.（现在，我开始为你读这本书。）"

然后，我儿子就没有任何停顿地读完了那本英文绘本。我第一次发现我儿子的记忆力竟然那么好。我拿出那段时间我经常给我儿子读的那几本英语绘本，让我儿子讲给我听。结果，我儿子说得非常顺畅，即使是很长的英语句子，他也可以顺畅地说出来。

从那之后，我儿子就有自信了。我儿子会有选择地主动给我讲一些英文绘本，他知道自己哪本能讲，哪本对他来说有点难。我儿子在"假装我是外国人"的游戏中，发现自己能读整本的英文绘本，并将这样的自信心迁移到了真实的生活中。

孩子在游戏中重复做某件事而发展出的能力，可以迁移到真实的生活中。

一个小男孩在幼儿园时总是坐不住，总是忍不住东看看、西看看，到处乱跑。老师观察到：孩子们在自由玩耍时，有一个女孩发起了"假装上课"的游戏。女孩当"老师"，其他孩子围成一圈听"老师"讲故事。在这个游戏中，这个男孩一直安静地坐着。男孩在游戏中发展出来的"安静坐好"的能力，是可以迁移到真实生活中的。

假想游戏在孩子的整个童年，尤其是在学龄前的阶段，占据了非常重要的位置。随着年龄的增长，假想游戏逐渐被规则性的游戏替代。

★ 觉察日记

（1）观察一下你家孩子在玩游戏时的状态，想一想：他玩过哪些假想游戏呢？这些游戏有什么特别的意义吗？

（2）回想一下：当你还是一个孩子时，你玩过哪些假想游戏呢？现在来看，你玩的那些假想游戏对你来说意味着什么呢？

（3）成年以后，你有过假想的经历吗？这些假想满足了你哪些需求呢？这些假想对于你的生活有哪些影响呢？

（4）对于假想游戏，你有什么样的感受呢？读完这一部分内容后，你有什么新的认知吗？你有什么新的发现吗？

★ 亲子游戏："生宝宝"

使用场景：跟孩子联结断裂之后。

在我工作特别忙碌时，我儿子却频繁地来找我。我因为一时放不下手里的事情，就会频繁地拒绝他。等我忙完手头的事情之后，我儿子已经生气了。这时，我会一边紧紧地抱住我儿子，一边说："哎呀，我终于忙完了，我终于可以抱着我的宝贝了，你可千万不要离开我啊……"这种紧紧拥抱的感觉会帮助孩子释放掉一部分的负面情绪。

我儿子挣扎了一会儿，就开始加入游戏了，他希望控制我抱他的松紧度，便对我说："紧一点，松一点，再松一点，再紧一点，松，紧……"我则配合我儿子的指令完成相应的动作。这样一来，我和儿子就重新联结上了。

接下来我儿子就会要求我陪他一起玩"生宝宝"的游戏。这就好似我儿子对我说："妈妈，我准备好了，我们再来深度联结一下吧。"于是我和我儿子就开始模拟生宝宝的过程，他趴在我的肚子上蜷成一团，用被子盖上，然后我和他一起用力，直到把他生出来。

之后我儿子一秒入戏，指着自己的鼻子、嘴巴问："这是什么？"我会故意说错。我儿子就会将所有的五官都指一遍，而我会故意回答错，而且错得一塌糊涂。我儿子笑声不断。我们俩都开心极了。

有时我们俩还会将这个游戏继续玩下去，比如模仿宝宝长大的过程：宝宝一岁了，他正在学走路，却总是"摔倒"；宝宝两岁了，还说不清楚话……我儿子就会根据我的描述来表演，他演得惟妙惟肖。

有时候我会对我儿子说："小宝宝的睡觉时间到了，然后就抱着他唱起小时候的摇篮曲。"有时候我儿子会告诉我："妈妈，我现在长到三岁了，我今天就长到三岁吧。"我和我儿子就利用这个游戏充电，保持深度联结。安于当下，专心陪伴孩子，助力孩子的成长。

第四节
家长善用打闹游戏，亲子关系更亲密，孩子更自信

★ 用打闹游戏调整孩子内在的力量

在线下家长工作坊中，我会带领家长们一起玩各种各样的打闹游戏。在玩游戏的过程中，我会观察每位家长的状态，引导家长们在课堂上找到那种拼尽全力的感觉。我这样做是为了帮助家长体验内在情绪的释放和内在力量的激发过程，帮助家长将更好的游戏体验带给孩子。在《亲子打闹游戏的艺术》一书中，该书的作者详细介绍了打闹游戏的意义。

1. 打闹游戏可以提高智商、情商

孩子在和家长玩打闹游戏时，大脑的多个区域被激活，学习能力、记忆力以及完成复杂行为的能力会提高。

在打闹游戏中，家长和孩子会不断地经历情绪由亢奋到冷静，再到亢奋的循环。打闹游戏不仅能帮助孩子释放情绪，提升孩子对自己和他人情绪的敏感度，还能帮助孩子控制自己的力量。

2. 打闹游戏有助于提高孩子的人际交往能力

当你想和孩子聊天，却不知道从何聊起时，你可以先和孩子一起玩一个打闹游戏，以便迅速地和孩子建立亲密关系。孩子也可以借助打闹游戏提高处理冲突的能力。

3. 打闹游戏有助于孩子的身心健康

在打闹游戏中，孩子能学习复杂的运动技巧，提高身体的灵活性、协调性，以及身体控制能力，从而让身体变得更加强壮和健康。欢快的笑声会让彼此的联结更加紧密，让大脑产生快乐的感觉，减轻身体的紧张感。

即使打闹游戏有这么多的好处，也不是每个家长都会和孩子玩打闹游戏。有的家长认为：打闹游戏纯粹就是打打闹闹，哪有那么多的好处啊！

针对不同性格类型的孩子，打闹游戏的节奏和玩法要有所不同。

我从我儿子两岁左右开始陪他玩打闹游戏，但性格敏感慢热的他一开始并不买账，只要是稍微激烈一点的打闹游戏，他都会很排斥。于是我调整了陪他玩打闹游戏的力度。在这里，我以枕头大战游戏为例。传统枕头大战游戏的玩法是多人拿着枕头，在确保安全的前提下互相对打。我在陪我儿子玩枕头大战游戏时，我们俩各自拿着一个枕头对在一起，互相推来推去，这样的力度既让他有参与感，又不会过于激烈，对他来说刚刚好。

随着我儿子年龄的增长，我适时地增加了玩游戏的力度。我和我儿子会将各自的枕头塞到衣服里，肚子对着肚子，互相碰来碰去，这样的玩法让他非常有掌控感，他感到轻松又好玩。在玩游戏的过程中，我和我儿子哈哈大笑，非常投入。

当我儿子五六岁时，随着内在力量的不断增长，他已经能接受比较激烈的打闹游戏了，开始喜欢枕头大战游戏的传统玩法了。我们一家三口时不时地来一场"枕头大混战"的游戏。

在我儿子上了小学之后，打闹游戏则成为他每天必玩的游戏。在每天开始写作业之前，我儿子会先玩十分钟的打闹游戏，这样不仅可以释放自己的不良情绪，还可以将自己的状态调整到最佳，大大提高学习的效率。

在我儿子上一年级时，有一次他的作业有点多，在开始写作业之前，他突然拿着我们用来玩游戏的枕头跑到我面前说："妈妈，我们来'打一架'吧。"那一刻，我真的感到非常欣慰。由于多年来我一直陪着我儿子玩打闹游戏，他已经会识别自己的不良情绪了，并且会用打闹游戏的方式来释放自己的不良情绪。

在玩打闹游戏时，家长需要保持一定的敏感度，观察孩子的状态，调整自己的力度。家长可以通过观察孩子在玩打闹游戏时的状态，了解孩子在真实生活场景中的表现。

敏感慢热型的孩子，在面对陌生环境时，他需要更多的时间去适应；在尝试新事物之前，他需要更多的时间去观察。在最初玩打闹游戏时，敏感慢热型的孩子大多会排斥激烈的玩法。因此，家长在和敏感慢热型的孩子玩打闹游戏时需要注意自己的力度。

对于敏感慢热型的孩子而言,家长不需要告诉孩子"你很有力量",而是通过不断调整打闹游戏的力度,激发孩子的内在力量,从而让孩子在玩游戏的过程中感受到他自己的力量。

一些活泼好动型的孩子,性格易冲动,有攻击性,不容易把握身体的力量和界限,经常会被家长各种限制,很少有机会将自己的力量释放出来。打闹游戏可以给这类孩子提供一个释放自己力量的机会。借助这个机会,孩子会知道如何驾驭自己的力量,如何使用合适的力度。

不管你的孩子属于哪一类,作为家长的你都要用发展的眼光看待孩子。

有的家长抱怨:"我孩子的性格太温和了,没有一点男子汉气概,我希望他的性格泼辣一点。"有的家长却说:"我孩子的性格太活泼了,每天打打闹闹,完全停不下来。"不管孩子的性格是哪种类型,家长似乎都不会太满意。

为什么家长会不满意呢?大概是因为家长担心自己的孩子,担心孩子的未来。有的家长担心:"我家孩子是一个男孩啊,性格这么软弱,很容易被别人欺负,怎么办?谁来保护他啊?"

有的家长担心:"我孩子的攻击性这么强,万一老师和同学们都不喜欢他,怎么办?这种性格的孩子容易在社会上吃亏。"

其实,每个孩子都有自己的先天气质。有的家长习惯用社会认可的标准要求孩子。一旦孩子不符合这个标准,有的家长就开始着急。

我认为,家长越是接纳孩子原本的性格,越是信任孩子,孩子越能从家长这里获得自信心。有了自信心以后,孩子更容易突破自己。

家长需要重点关注的不是孩子的先天气质,而是孩子如何看待他自己，有没有自信。家长的支持和信任能够帮助孩子感受到他自己的力量。

孩子的内在力量和自信心是不断发展的，不是一蹴而就的，更不是静止不动的。家长要以看见孩子为出发点，放眼未来，支持孩子的成长。

我儿子的性格就是偏敏感慢热型的。每到一个新环境中，我儿子都需要花很长的时间去适应。面对一个新事物，我儿子的第一反应就是排斥，然而这些并未影响我儿子积极主动举手回答问题，积极参与探索互动。

在我儿子两岁时，正值春节期间，很多亲戚朋友来我家做客，五六个年龄不同的孩子在一起玩，那是相当热闹的。只有我儿子一个人呆呆地站在旁边若有所思。当时我舅舅还对我说："你儿子一点都不像你啊！"

我和我老公都是能说会道的人，而我儿子属于性格内向的人，他不太喜欢和别的小朋友一起说话、玩耍。我老公一直担心孩子"不合群"。

"胆小""不合群"是一些家长给自己孩子贴的标签。如果你没有客观地看待自己的孩子，一不小心，孩子就会成为你不希望看到的样子。

自证预言是一种常见的心理现象，它是指人们会不自觉地按已知的预言来行事，最终令预言发生；也指对他人的期望会影响他人的行为，使得他人按照期望行事。语言的力量是强大的。当标签式的语言反复出现时，有的孩子就会坚信这些标签式的语言是事实，并且会无意识地让这些标签式的语言变成事实行为。

所以，我跟我老公达成一致意见，就是尽量避免在孩子面前说一些标签式的语言。家长尊重孩子，让孩子按照自己的方式去跟这个世界相处，这就给了孩子很大的支持。

★ 孩子是真的输不起吗

有的家长说："当我陪孩子一起玩打闹游戏时，孩子一输了就会哭。我陪着孩子一起玩游戏，出发点是我想好好陪伴孩子，最后却闹得不欢而散。孩子是真的输不起。我根本没办法陪孩子继续玩下去。"

在这里，我要特别提醒各位家长，打闹游戏的核心不是打，也不是闹，更不是去"锻炼孩子"，而是让孩子释放力量。为什么有的孩子一输了就会哭呢？关于这个问题，我讲一讲自己的切身体会。

1. 为什么有的孩子一输了就会哭呢

有一次在线下家长工作坊中，我和一位妈妈玩摔跤游戏。本来我们俩的力量是势均力敌的，我很有把握跟她进行力量的抗衡。

在玩游戏的过程中，这位妈妈突然用了一个技巧——她伸腿把我别倒了，然后死死地将我压在身下，我的四肢被紧紧地扣住了，怎么都动不了。那一刻，我就觉得自己根本使不上劲，有很强的挫败感。也就是在那一刻，我找到了孩子一输就会哭的原因。

当孩子和家长玩打闹游戏时，为什么孩子一输了就会哭呢？那是因为有的孩子在面对家长时，充满了挫败感和无力感，他认为自己一点胜算都没有。那种挫败感和无力感会让人产生强烈的情绪反应。此时哭是一种正常的情绪反应，并非孩子输不起。

2. 让孩子在游戏中体验赢的感觉

作为妈妈的你如果想在家里体验那种挫败感和无力感，就可以让你的老公将你死死地压在身子底下。此时你拼命地往外爬，却怎么都爬不出来，你就体会到了那种挫败感和无力感。

如果这个时候你老公悄悄地给你放水，你拼尽了全力，终于逃脱了你老公的身体压制，你就能体会到那种赢的感觉，这也是我希望通过打闹游戏带给孩子的感受。

在和孩子一起玩打闹游戏时，家长需要帮助孩子释放他自己的力量，帮助孩子感受到他自己的力量，帮助孩子体验到通过他自己的力量获胜的感觉，而不是通过游戏锻炼孩子，让孩子体会到输的感觉。

有的家长认为孩子需要锻炼的机会。有的家长甚至会人为地给孩子制造挫折，好让孩子有承受挫折的机会，让孩子体会输的感觉。这些家长这样做的理由就是，进入社会以后，他人不会无条件地让着孩子，早点让孩子在家里体会输的感觉，孩子以后就知道怎么做了。我认为，这些家长之所以会有这样的想法，是因为他们对受挫力存在误解。

在真实的生活中，孩子已经有许多感受挫折的机会了。

从幼儿园开始，年仅三岁的孩子就需要独自面对陌生的环境，并在幼儿园里度过一天的时间。在这漫长的一天时间里，有的孩子可能会经历许多的挫折，感受到那种无力感。

有的家长只看到了孩子每天哭闹着不上幼儿园，却从未站在孩子的角度思考过，也从未想过上幼儿园对于幼小的孩子来说是一件多么困难的事情。

上学之后的孩子，不仅需要面对学业的压力，遵守学校的规则，还要应对老师、家长的严格要求。

孩子在真实的生活中经历过很多挫折了，不需要家长再额外制造一些挫折了。家长需要给孩子一个温暖的家，包容和接纳孩子的一切。

家长要对孩子说："宝贝，不管你经历了什么，不管你做了什么，即使全世界都否定了你，你也要坚信，你的爸爸妈妈一直在你的身后，给你支持，给你力量。"

所以，请家长放弃让孩子在游戏中输，故意给孩子制造挫折的想法吧。孩子需要在游戏中体会赢的感觉，释放压力，克服累积的挫败感，找回面对挫折的勇气和力量。

3. "逃离五指山"游戏

"逃离五指山"游戏的玩法是，家长和孩子轮流把对方压在身体下面，一方使劲压制，另一方试图钻出来。当孩子的身体被家长压在身下时，家长需要适当放水，既不能让孩子轻易逃脱，又不能让孩子觉得没有逃脱的希望。

当家长的身体被孩子压在身下时，家长可以示弱，夸张地表示这太难了，完全爬不出来，乞求孩子放过自己。有的孩子一听家长主动求饶，就哈哈大笑，感到非常满足。

"逃离五指山"游戏，不仅可以激发孩子的内在力量，还可以让孩子在反抗的过程中释放积压的负面情绪。最重要的是，在玩游戏的过程中，孩子能感受到家长真诚的支持和陪伴。

4."逃离我的怀抱"游戏

类似的游戏还有"逃离我的怀抱",该游戏的玩法是家长紧握双手,将孩子环抱在怀里,孩子需要想尽办法逃出去。当然,最后的结果一定是孩子拼尽全力后顺利逃出去。

有时候,孩子会通过游戏来表达自己的需求。有一次,我摆好了架势,就对儿子说:"我一定不让你逃出去。"我儿子却跟我说:"妈妈,你松一点儿。"我意识到,对我儿子来说,我的力量太大了,我赶紧将自己的怀抱松开一点。我儿子又对我说:"妈妈,你可以再紧一点。"我就继续听我儿子的话,将自己的怀抱收紧一点。

5.家长需要在玩游戏的过程中培养孩子的规则意识

如果孩子在和家长玩游戏时感到安全,他就会告诉家长,他需要的是什么。家长只需要按照孩子的话去做就可以了。家长按照孩子的话去做,这并不意味着打闹游戏是没有规则的。

在开始玩游戏之前,家长要和孩子约定好基本的规则,比如不能咬人、不能掐人、不能打头,不能用棍子等可能造成危险的工具。家长还可以和孩子一起讨论打闹游戏的基本规则,让孩子参与规则的制订。

有的孩子很容易违背约定好的规则。想要孩子遵守规则,家长就要有足够的耐心陪孩子做刻意练习。当孩子违背规则时,家长要及时喊停,询问孩子是否记得约定好的规则,并引导孩子说出规则。待孩子意识到并改正自己的错误后,家长可以和孩子一起继续玩游戏。规则的建立和规则意识的养成都需要孩子不断重复练习。在这个过程中,家长要扮演好支持者的角色,帮助孩子不断重复练习,直至孩子养成良好的规则意识。

规则是确保孩子安全的基本底线。除此以外，打闹游戏中的心理安全是同样重要的。

6. 家长需要接纳孩子释放情绪的方式

家长在陪孩子一起玩打闹游戏时，经常遇到的情况是，本来玩得好好的，孩子突然因为一点小事，比如气球破了或不小心摔倒了，就开始大哭不止，无论家长怎么哄孩子都哄不好。在遇到以上情况时，有的家长就会有很强的挫败感，认为自己花费那么多的时间和精力陪孩子一起玩，孩子却不领情，孩子因为一点小事就哭个没完。

其实，孩子哭闹是一种情绪的流露。家长可以利用这个机会陪伴孩子，倾听孩子，让孩子将累积的负面情绪释放出来。

家长在打闹游戏中的专心陪伴和全然关注，让孩子感到很温暖、很安全。一件突发的小事情让孩子打开了情绪的出口，孩子借此机会将累积已久的负面情绪释放出来。家长需要提前做好应对这种情况的准备，并及时将自己调整到倾听孩子的状态。

哭是一种释放情绪的方式，有自我疗愈的功能，是一种正常的生理现象和心理现象。

年龄越小的孩子，越容易通过哭来表达和释放自己的情绪。随着年龄的增长，孩子逐渐认识到，哭是一种不好的行为，是一种不被接受的行为。孩子逐渐学会控制自己的情绪，不再轻易地哭泣。

当家长全身心地陪孩子玩游戏时，家长传递给孩子的信息是："我在这里，我陪着你，我接纳你的一切。"孩子如果觉得自己的身心是安全的，就会毫无顾忌地释放自己的不良情绪。

家长一方面需要改变自己对情绪释放的认知，另一方面需要接纳孩子释放情绪的方式。

在孩子哭闹时，家长需要按下暂停键，停止下意识地指责、打骂孩子，全身心地陪伴孩子，多给孩子一点情绪释放的时间，就是多给孩子一点支持。

除了关注孩子的情绪状态以外，家长还要对自己的情绪状态保持敏感。家长如果在玩游戏的过程中感到不适，就可以随时喊停，如实地告诉孩子原因，而不是勉强自己继续陪孩子玩游戏。

★ 觉察日记

（1）你的孩子是哪种性格类型呢？你孩子的这种性格类型有哪些优势呢？你自己是哪种性格类型呢？你和自己孩子的性格类型是类似的，还是差别很大的呢？你在养育孩子的过程中，受到了哪些影响和启发呢？

（2）你和孩子在玩打闹游戏时，有哪些让你印象深刻的事情呢？你能回忆起孩子当时的情绪状态吗？

（3）某一次，孩子在玩游戏输了之后，突然爆发了情绪。你可以试着想一想：孩子当时的感受和需要是什么呢？

★ 亲子游戏："就是抓不到我"

使用场景：在床上或者在户外安全的地方。

家长站在床尾，张开双臂，摆好阵势，孩子从床头冲过来试图攻击家长，家长努力抓住孩子。孩子一次又一次地尝试靠近家长，快要被抓住时马上逃走。

家长需要仔细观察孩子的状态。如果孩子在每次攻击时都比上一次更靠近家长一点，说明家长的状态是比较理想的。如果孩子在每次攻击时都比上一次更远离家长一点，说明家长的状态不是理想的，孩子担心自己被抓住，不敢靠得太近。

这时家长可以调整一下自己的状态，虚张声势地大喊："我一定会抓住你的。"结果是家长不但没抓住孩子，还四仰八叉地摔倒在床上，这会让孩子哈哈大笑，缓解孩子的紧张情绪，让孩子拥有继续靠近的勇气。

如果孩子不喜欢被抓的玩法，家长就可以换一种玩法。家长可以坐在床尾，孩子冲过来试图将家长撞倒。孩子一次比一次的力气大，将家长撞倒之后，压在家长身上的感觉会让孩子觉得自己非常有力量。如果你的孩子是年龄大一点的孩子，请你一定要注意自身的安全，谨慎玩此类游戏。

这个游戏还有很多种变形的玩法，适合一个孩子或者多个孩子一起玩。

如果一家人正在户外玩耍，家长就可以扮演怪兽，孩子扮演小动物，怪兽到处抓小动物。家长一定要注意：自己扮演的怪兽一定是傻乎乎的、有点搞笑的怪兽，这只怪兽无论怎么努力都抓不到小动物，还总是摔倒或者撞东西。当孩子扮演怪兽时，家长同样需要扮演傻乎乎的小动物，假装总是逃不掉，总是被孩子抓到。

第五节
用游戏测量情绪，提高孩子的情绪能力

★ 和孩子一起补上"情绪教育"这一课

儿童的情绪表达能力是指儿童通过语言表达的方式或非语言表达的方式向外界传达自己内在的情绪感受，它会随着年龄的增长而逐渐增强。我认为，处理自己和他人情绪的能力是社会交往的核心。通过观察和记录我儿子不同年龄段的情绪表达能力，我深刻地感受到了"情绪教育"的重要性。

1. "情绪教育"的重要性

在我儿子五六个月大时，我用儿童推车推着他在小区里玩耍。如果有邻居逗我儿子，我儿子就会面无表情地看着其他地方，或者吮吸自己的手指。研究发现，当外界的刺激压力过大时，几个月大的婴儿

会下意识地转移自己的视线或者吮吸手指，最开始是无意识的行为，后来会演化成安抚自己情绪的技能。

在我儿子三岁左右时，如果有熟人主动和我儿子说话，我儿子就会害羞地躲在我身后。如果其他小朋友和我儿子争抢玩具，我儿子就会扑到我的怀里，张嘴大哭，并且会用求助的眼神看着我。

自从掌握了独立走路的本领以后，孩子就拥有了逃离自己不喜欢的环境的能力。孩子会主动寻找自己依恋的成人，寻求成人的安慰。虽然这个阶段的孩子已经会表达自己的情绪，但是他仍然需要成人的帮助，以便更好地应对外在的压力。

上了幼儿园以后，我儿子越来越喜欢和小伙伴们一起玩耍。每当我儿子和小伙伴发生小摩擦时，我儿子都会和小伙伴一起讨论、解释，大声地阐述自己的想法，偶尔也会哭，但他很少主动向我寻求帮助。与此同时，我儿子在家里发脾气或哭闹的频率依然是比较高的。

3～5岁的孩子使用语言或思维来梳理自己情绪的能力越来越强。孩子开始将自己和情绪分开，通过与他人讨论，他能够分享自己的情绪，倾听他人的想法。在游戏中，孩子模仿情绪的能力也在增强，越来越能够掩藏自己的情绪或者减少强烈的情绪反应。

5岁以后，我儿子的自主性越来越强，他会强烈地表达自己的不满，会和自己喜欢的小伙伴一起玩耍。当我儿子不想和别人一起玩时，我儿子就自己待着，慢慢地消化自己的情绪。有时我儿子也会通过看书让自己的情绪平静下来，他哭闹的次数越来越少了。

5岁以后的孩子，他的认知能力继续发展，能够更加理性地看待情绪，用客观的方式反思情绪，开始意识到情绪是可以被管理和自我调整的，并发展出控制情绪的策略。

2. 情绪能力

什么是情绪能力呢？情绪能力又包含哪些方面的内容呢？

在回答这两个问题之前，我们先来看一下什么是情绪。有的专家认为，情绪是大脑进行自我调节的一种方式。孩子情绪能力的发展伴随着大脑功能的不断发展。

家长需要意识到的是，自己作为成年人都会有情绪失控的时候，都会忍不住发脾气、大吼大叫，更何况幼小的孩子呢？孩子不能很好地管理或控制自己的情绪，这是非常正常的现象。孩子的情绪能力发展和家长回应孩子情绪的方式、人际交往的能力等有很大的关系。

一个人的情绪能力主要包括以下8个部分：

（1）了解自己的情绪状态。

（2）分辨他人情绪的能力。

（3）运用自己文化中的情绪词汇的能力。

（4）同情他人情绪经历的能力。

（5）认识到自己和别人的内在情绪状态未必是其外在表现对应的能力。

（6）适应性地应对讨厌的和痛苦的情绪的能力。

（7）认识到关系主要取决于情绪是如何交流的，以及关系中情绪的相互作用。

（8）自我控制情绪的能力，也就是控制和接受自己情绪的能力。

以上每个部分代表着孩子在成长的过程中需要掌握的一项技能。每个孩子的技能发展水平是不同的，这也使得每个孩子的情绪能力是不同的。儿童情绪能力的发展需要在成年人的支持下，将情绪的控制和调节从抚养人的外在控制转为儿童的自我控制。

3. 家长会影响孩子情绪能力的发展

家长与孩子交流和表达情绪的方式、频率和时机，都会在很大程度上影响孩子情绪能力的发展。

有一天早上，我送儿子去上幼儿园，他的情绪不高，有些排斥，哼哼唧唧地抽泣。

我告诉我儿子："你可以不想去幼儿园，每个人都可以有这样的想法。在去幼儿园的路上，妈妈可以陪着你一起去感受这个'不想'。"

我试着和我儿子一起玩他最喜欢的游戏，我儿子都不愿意玩。在那一刻，我意识到我儿子还沉浸在他自己的情绪里。

于是我什么话都没说，就紧紧地牵着我儿子的手，慢慢地往幼儿园的方向走。过了一会儿，我看见我儿子在擦眼泪。快到幼儿园时，我猜我儿子正在极力控制他自己的情绪。来到幼儿园门口时，我儿子突然转身对我说："妈妈，你告诉我一个方法吧。"

那一刻，我感到特别惊喜，马上蹲下来，对我儿子说："你很想不哭了，你自己却做不到，是这样的吗？"我儿子点点头。我继续对我儿子说："好的，你试一试深呼吸。现在假装妈妈手里有一个香喷喷的比萨，你过来闻一闻，它是什么味道的。"

我儿子开始闻比萨，随后，他露出了笑容。我猜我儿子一定感受到了自己情绪的变化。

我赶紧告诉我儿子："你又学到了一个停止哭泣的方法。在你哭得停不下来时，你可以这样帮助自己。你也可以把这个方法分享给你的小伙伴哦。"我儿子开心地笑了，随后就快步走进了幼儿园。

任何的养育理念和方法，最后的落脚点都是处理孩子的情绪。家长如果不能很好地处理孩子的情绪，即使学习再多的家教理念和方法，也教育不好孩子。

4. 情绪是有能量的

事实上，情绪是有能量的。

如果我们排斥情绪，把情绪当成敌人，甚至和情绪对抗，情绪的负能量就会给我们带来很多麻烦。如果我们对情绪有一定的敏感度，用积极的心态看待情绪，和情绪好好相处，情绪的能量就可以是正向的。

在电影《超人总动员1》中，弟弟小杰因为被坏蛋超劲先生带走，心生恐惧，情绪崩溃大哭。后来小杰将恐惧转变成愤怒，激发了自身隐藏的超能力，小杰变成了一个小怪兽，把超劲先生吓坏了，于是小杰实现了自救。这段电影情节很好地展示了情绪能量的转化和释放过程。

5. 家长需要补上"情绪教育"这一课

那么，家长该如何正确地看待情绪呢？情绪真的有好坏之分吗？

有人说："我们人类进化到现在，所有保留下来的东西都是我们需要的，包括情绪。我们用悲伤来面对失去，用恐惧来面对危险，用生气来面对不满。所有的情绪都是我们需要的情绪。情绪没有好坏之分。我们之所以把某些情绪叫作'负面情绪'，是因为我们用负面的态度来看待某些情绪。"

有的家长之所以接纳不了孩子的负面情绪，大多是因为他认为负面情绪是不好的。

我们从小的时候起就被家长教育要喜怒不形于色。在成长的过程中，大多数人并没有学过"情绪教育"这一课。在面对孩子的情绪难题时，有的家长往往需要面对双重的情绪压力。

第一重情绪压力是养育的压力

家长希望孩子能够更好地面对和处理自己的情绪，能够更好地适应社会，成为一个受欢迎的人。当孩子哭闹发脾气，甚至满地打滚时，有的家长就会产生焦虑的情绪。

有的家长满怀着美好的期待，却在孩子情绪爆发的当下，不知道该怎么做。

第二重情绪压力是家长自己的不良情绪

有的家长在小时候是不被允许表达情绪的。那些未经处理的情绪并没有随着时间的流逝而自动消失，而是被储存在大脑里。

在养育孩子的过程中，当孩子出现恐惧、无助等情绪时，家长的那些未被处理的情绪就会被触发。当家长再次体验到那些情绪时，他就无法清醒和理智地看待孩子当下遭遇的困境，更无法给孩子支持。

在双重压力下，有的家长会下意识地采用自己父辈的方式去对待自己的孩子。当然，这并不是家长的错，但这也不意味着家长不应该改变自己。家长是时候补上"情绪教育"这一课了。

★ 提高自己对情绪的敏感度

情绪教育的第一课就是家长要改变自己对情绪的态度，重新看待情绪。

1. 情绪虽然没有好坏之分，但是有深浅程度之分

当孩子有一些浅层情绪时，家长可以通过玩游戏的方式帮助孩子释放情绪。家长可以这样对孩子说："宝贝，你现在是不是很生气啊？你是不是觉得自己的身体里面有一只小怪兽，正在越变越大呢？快让我看看你的小怪兽是什么样子的。"

有的孩子就会装成小怪兽的样子。家长就可以继续玩这个游戏，对孩子说："来来来，我帮你把小怪兽赶出来。"家长可以亲一亲、抱一抱、捏一捏、搓一搓、揉一揉孩子，也可以随意发挥。只要家长和孩子有身体的接触、眼神的交流，想办法让孩子哈哈大笑，家长就成功了。

有的孩子之所以不参与玩游戏，通常是因为他还处于强烈的情绪状态中。此时，家长要做的事情是陪伴孩子，倾听孩子，而不是强迫孩子一起玩游戏。

2. 借助"情绪测量"游戏

研究证实，家长经常跟孩子谈论情绪，对孩子的情绪发展有重要的意义。

"情绪测量"游戏为人们提供了一个谈论情绪的载体，可以帮助家长和孩子一起在游戏中感知和识别情绪，理解和表达情绪，从而提高家长和孩子对情绪的敏感度。

家长可以和孩子一起制作一个情绪温度计，分成多个刻度，在每个刻度内涂上不同的颜色，分别代表情绪的强烈程度。每当孩子有情绪时，家长可以问问孩子："你现在的情绪值是多少呢？"

这样的情绪温度计对孩子来说是非常友好的。家长还可以根据孩子的年龄和喜好将情绪温度计进行变形和拓展，比如在每个刻度内画上笑脸、小动物等，或者贴上贴纸。有时，孩子也可以用身体的动作来表达情绪的强烈程度。

家长可以在日常生活中引导孩子对情绪的强烈程度进行理性评估。

有一位幼儿园老师准备了一些透明的玻璃瓶，并在每个玻璃瓶内装上不同颜色的沙土，分别代表不同的情绪。

孩子每天进入教室后，要做的第一件事就是选一个装有沙土的瓶子代表自己当天的情绪。这就促使孩子每天都要觉察自己的情绪状态。当某个孩子出现突发的情绪状况时，老师只需要带着孩子来到瓶子面前，就可以和孩子一起谈论情绪了。

除此之外，我们还可以给小木棍涂上各种颜色，再将涂色的小木棍插到瓶子里，用来描述情绪。家长还可以和孩子一起做一张情绪挂图。如果家长每天借用这些情绪测量工具和孩子谈论情绪，持续地让孩子刻意觉察自己的情绪状态，孩子对情绪的敏感度就会逐步提升。

3. 家长需要觉察自己的情绪状态

在写这篇文章时，我的一个朋友告诉我："前阵子我的情绪非常低落，总是很悲观，感觉很无助，对任何事情都提不起来兴趣，这种状态大概持续了一个月的时间。然而，就在前一天晚上，我不知道自己为什么突然变得很兴奋，就像打了鸡血一样。"

我的这个朋友已经感受到自己的情绪变化了。我建议她记录一下自己的情绪状态，具体内容包括某个时间点的情绪状态、突发事件、情绪转变、具体的感受等。如此几个月之后，我的这个朋友就可以画出一幅关于她自己的情绪曲线图。如果我的这个朋友坚持做这样的练习，她就可以对自己的情绪状态有一定的敏感度。

作为一名全职妈妈和家庭教育从业者，我越来越深刻地意识到情绪控制对成人、孩子的重要性，以及对一个家庭的重要性。

近几年，我对自己的情绪做了许多觉察和记录。现在的我对自己的情绪有了很多认知。当我的情绪低落时，我会暂停工作，吃饭睡觉，看电影，看综艺，看小说。我也会告诉家人，在这段时间内请他们不要管我，我需要"放纵"一下，和我的情绪好好地待一会儿。

我不会评判自己，因为我知道自己的情绪低落只是暂时的，不久之后我的情绪状态就会恢复正常。每个人的情绪状态都是有节奏的。你如果能找到自己的情绪节奏，就能控制自己的情绪。家长在控制自己情绪的基础上，去了解孩子的情绪，就会轻松很多。

4. 情绪宜疏不宜堵

我们需要给情绪多一些时间，让它自由地流淌。

我的一位朋友对我说："我的情绪控制能力还是不错的。当我意识到自己的情绪快要爆发时，我会深呼吸，调整一下自己，就能把情绪压制住。"这些能说明我这位朋友的情绪管理能力强吗？其实并不能。

我问我的这位朋友："你有没有这样的经历，平时不怎么发泄情绪，但总是有一些事情会突然把你引爆？一旦引爆了，后果就是非常严重的。"我的这位朋友连连点头，说："虽然这样的情况不是很多，但是情绪爆发的后果是严重的。"

其实，一个人如果有了不良情绪，就将不良情绪关起来，不让不良情绪跑出来，这种不良情绪并不是没有了、消失了，而是"去健身"了，变得更加强壮。一旦人们将这种不良情绪释放出来，不良情绪就会爆发得更加激烈。被压抑的情绪迟早会找个机会爆发出来。这就是情绪宜疏不宜堵的原因。

有的人不懂得拒绝别人，总是委屈自己，满足他人，这种委屈的感受一直被憋在心里，压得自己喘不过气来。

孩子也同样需要释放自己的情绪。一直被压制的情绪会影响孩子的行为。这些被压制的情绪会成为隐藏的情绪爆点，影响孩子成年以后的行为模式。

5. 家长要释放掉自己儿时被压抑的情绪

有的家长会因为孩子的某个行为而陷入自己的情绪当中，不能自拔。这多是因为家长触发了自己小时候没有被处理的某种情绪，家长重新体验到了小时候的那种感受，很难理智地处理当下的情况。

在我儿子两岁以前，我是非常受不了他哭的。只要我儿子一哭，我就很崩溃，脑子里全是我小时候不被允许哭的画面。原来孩子哭就是我的情绪触发点。

我曾经花了近两年的时间去处理我儿子的刷牙问题。每当我给我儿子刷牙时，我都会感到非常焦虑。用我老公的话说就是，我给我儿子刷牙就像刷鞋一样用力。我之所以这样做，其实是因为我自己的牙齿不好，我非常担心我儿子的牙齿也会不好。每次给我儿子刷牙，我都会给他刷很久。在觉察到给儿子刷牙这件事是我的情绪触发点以后，我主动寻求我老公的帮助，把给儿子刷牙这件事交给我老公去做，并且把握一切机会去处理自己因为儿子刷牙这件事而触发的情绪。

有的妈妈在面对孩子的社交问题时，总是感到特别焦虑。当孩子和其他小朋友发生冲突时，或者很难融入集体时，有的妈妈就会有很强的挫败感，总担心孩子会被排挤。有的妈妈之所以会焦虑，大多是因为她自己小时候的社交体验被激活了。在遇到社交问题时，有的孩子并没有觉得有什么不妥，而有的妈妈瞬间就产生了强烈的情绪反应。

那些被压抑在内心深处的情绪是成年人心理崩溃的导火索。家长要看见自己的情绪，拥抱自己的情绪，持续不断地自我觉察，记录自己的情绪，逐渐释放掉那些被压抑的情绪。

那些被压抑的情绪，就像那些硬硬的毛线团一样。随着年龄的增长，人们会经历各种各样的事情，产生各种各样的情绪，那些没被释放的情绪越积越多，毛线团就会越来越大，越来越硬。我们如果想去将这些毛线团梳理清楚，就需要足够的耐心、决心，以及足够多的时间。

6. 家长要帮助孩子释放情绪

在孩子小的时候，家长要理解孩子的情绪，帮助孩子释放情绪，尽量不让孩子压抑自己的情绪，减少孩子的情绪触发点。

孩子在成长的过程中，情绪能力得以发展，感知和处理情绪的能力不断提高，社会交往能力也会提高。管理情绪的能力越强，拥有幸福的能力也越强。

家长可以通过游戏帮助孩子释放情绪。本书中所提到的游戏，比如"枕头大战""扔纸团大战""情绪桌游"等，都有一个非常重要的作用，那就是帮助孩子释放情绪。

家长要有意识地将"聊情绪"变成生活的一部分，就像吃饭喝水一样重要，这样做有助于孩子的情绪能力发展。

在阅读本书的过程中，如果你能按照"觉察日记"的内容不断地反思、记录，觉察自己的情绪感受，你对自己情绪的敏感度就会有很大的提升。

★ 觉察日记

（1）如果请你给自己的情绪敏感度打一下分，你会打多少分呢？如果请你给自己孩子的情绪敏感度打一下分，你会打多少分呢？想想看，这两个分数之间有什么联系吗？

（2）在阅读本书的过程中，你有没有动笔写过觉察日记呢？你如果写了觉察日记，就觉察一下自己的情绪。你的情绪有什么变化吗？如果你没有写觉察日记，那是什么阻碍了你写觉察日记呢？

（3）如果请你用一个词来描述一下自己对情绪的感受，你会选哪个词呢？为什么你会选择这个词呢？

（4）你的孩子释放情绪的通道是否通畅呢？从现在开始，你可以为提高孩子的情绪能力做点什么呢？

★ 亲子游戏："我的心情故事"

使用场景：睡前或情绪平静的时候。

家长和孩子轮流分享自己的情绪故事。

家长先分享一下自己的正向情绪，也可以说一说自己的负面情绪。家长也可以告诉孩子为什么自己会产生这些情绪，以及面对这些情绪时自己有什么样的感受。家长这样做，一方面是为了给孩子做示范，另一方面是为了给孩子传递这样的情绪观：任何人都会有情绪，这是正常的。不管是正向情绪还是负面情绪，在家长这里都是被允许、被接纳的。

家长可以邀请孩子说一说自己的情绪故事。如果孩子感受到家长的允许和接纳，孩子就愿意和家长分享自己的情绪故事。孩子如果每天都有机会说说自己的情绪感受，就相当于每天给自己做一次情绪按摩，及时疏导负面情绪，减少负面情绪的累积。

在实际操作过程中，有的家长向我反馈：孩子不愿意分享自己的情绪故事，这是为什么呢？我认为的原因是，有的家长带有很强的目的性，想通过孩子分享的情绪故事去了解孩子做了哪些事情，以便对孩子进行批评教育，试图引导孩子。家长这样做会让孩子没有安全感，孩子自然不愿意分享。

孩子愿意分享自己情绪故事的前提是，无论自己有怎样的情绪感受，无论自己做了什么，家长都愿意尝试理解他，接纳他。

02
第二部分

有效倾听,被理解的孩子更自信

试想一下：面对一个溺水的人，你首先要做的是教他如何游泳吗？我想，只要是一个身心正常的人，都不会选择这样做。当孩子遭遇失败，被愤怒、焦虑、无助等负面情绪淹没，就如同一个溺水的人在紧急求救时，有的家长却选择站在岸上教孩子"游泳"，给孩子讲大道理，希望孩子越挫越勇，理智面对。家长这样做有用吗？当然没用。孩子都快窒息了，他需要的是家长用力拉他一把，救他上岸。

先将孩子从情绪的旋涡中拉出来，家长才能有机会跟孩子站在一起处理问题。

在上文中，我给大家介绍了培养孩子情绪能力的重要性。在真实的生活中，家长要做到全然接纳孩子的情绪，其实并不容易。一方面，有的家长太容易关注问题，着急解决问题，忽略了孩子的情绪；另一方面，孩子的行为很容易激起家长的深层情绪，引发家长情绪化的反应，家长不仅没有解决问题，还无意识地强化了问题。

孩子的玩具被一个小朋友踩坏了，孩子号啕大哭，非要求这个小朋友道歉，家长怎么劝说孩子都不行，就觉得孩子"小心眼"。背后的真相是，孩子的玩具被踩坏了，孩子感到很伤心、很生气，孩子要求这个小朋友道歉，只是希望自己的这些感受能被家长看见，能被家长重视。

孩子忘记带作业本被老师批评，回家之后一直玩魔方不肯写作业，一遍又一遍地问妈妈："为什么我总是忘记带东西呢？"妈妈说："我给你买了一个小本子，你可以把自己需要带的东西记在这个本子上，这样你就不会忘记了。"孩子却说："我不想记。"背后的真相是孩子忘记带作业本，他感到很自责、很懊悔、很生气，他需要释放这些不良情绪，他试图通过玩魔方来释放这些不良情绪，然而，这远远不够。

孩子还需要妈妈的理解和陪伴。

孩子回家之后，跟妈妈抱怨："学校的午饭不好吃，只有鱼排，没有鸡排。"妈妈说："你需要我找你的老师说一下这件事情吗？"孩子赶紧说："不用了。我就是想吃鸡排了。"背后的真相是孩子没有在学校里吃到自己喜欢吃的食物，有些失落，跟妈妈抱怨几句，只是想表达自己的感受而已，并不需要妈妈去解决这个问题。

最近一段时间老人和孩子轮流生病，妈妈一边工作，一边照顾家庭，身体已经透支了。孩子请了一周的病假，回到学校后迟迟进入不了状态，上课总是走神。在老师找妈妈谈话之后，妈妈的情绪终于绷不住了，妈妈朝着孩子发了很大的脾气，吼完之后又后悔不已。背后的真相是妈妈还未来得及释放积累已久的不良情绪，老师的谈话又让妈妈产生了焦虑、无助的情绪，这些情绪激活了妈妈深层的恐惧。妈妈需要喘息一下，花时间管理好自己的情绪，才能更平和地面对孩子。

家长在养育孩子的过程中，花时间梳理好自己和孩子的情绪，将关注点放在情绪上，是比解决问题更重要的事情。

为了帮助家长梳理情绪，我总结了以下几个步骤：发生了什么事？应该怎么做？这些做法能有效解决问题吗？

孩子晚上不睡，早上不起，各种拖拉磨蹭，作为家长的你提醒孩子好几遍"要迟到了"，可孩子还是慢吞吞的。你终于忍不住吼了孩子一顿，事后又后悔不已，陷入了"吼完悔，悔完吼"的恶性循环。想一想：在处理这件事时，你有哪些感受呢？你有哪些情绪呢？

感受是内在的，只有本人知道，但通常容易被本人忽略。情绪是人们对内在感受的外在反应。身体希望本人感知到这些感受，也需要其他人看见这些感受，于是这些感受通过情绪的外在表现传递出来，表现为情绪化的反应。

你如果想感知自己的情绪，就可以先从感受自己的身体开始。

在上面的案例中，你可能会感受到自己的身体紧绷，好像有一股无形的力量驱动着你忍不住催促孩子。你可能会有生气、自责等情绪。在这些情绪的背后，你真正在意的是什么呢？你有哪些需求被满足了，又有哪些需求被忽略了呢？

自我觉察能让你看到情绪化反应背后的驱动力。请你想一想：在养育孩子的过程中，你是被爱驱动的，还是被恐惧驱动的？

你之所以着急，是因为孩子总是慢吞吞的，你希望孩子跟上你的节奏，希望孩子好好地配合你。

你担心孩子迟到后会被老师批评，不希望孩子承受这些。当孩子迟到时，你可能会觉得尴尬，觉得自己没有扮演好家长的角色。

一方面你因为孩子不听话而生气，毕竟你提醒了很多遍，孩子都不听；另一方面你生自己的气，嫌弃自己没有把孩子教育好。

有时你也会自责，不停地问自己：为什么别人的孩子能做到，自己的孩子却做不到呢？难道自己不是一个好妈妈吗？

当这些情绪被看见、被梳理以后，你会有不一样的情绪吗？你的情绪是更平和了，还是更强烈了？你只有直面自己的脆弱和恐惧，才能恢复内在的力量。当你做到这一步时，你可能会触及自己童年的创伤，那些被压抑在内心深处的情绪可能会爆发出来。这是一次释放情绪的机会。你可以通过文字将自己的内心感受表达出来，也可以找一个能够理解、接纳自己的人倾诉自己的内心感受。

有的家长会将自己的价值感延伸到孩子的身上，并认为只有孩子表现好，才能证明自己是一个好家长。有的家长对孩子要求高，仅仅是为了证明自己做家长做得还不错。

有的家长在养育孩子时，常常充满担忧，担忧自己的孩子没有一个美好的未来。有的家长认为孩子只有表现好，取得好成绩，才能有一个美好的未来。有的家长想将自己童年的遗憾弥补在孩子的身上，却忽略了孩子的真实需要。

有的家长需要直面自己内心的恐惧，找到自己焦虑的来源，疗愈自己童年的伤痛，为自己的情绪负责，努力看见真实的孩子，采取有益于孩子的回应方式，做到有效养育。

等自己的情绪平静下来之后，家长可以思考以下几个问题：孩子可能会感受到什么呢？孩子可能会有哪些情绪呢？孩子想通过自己的行为表达什么呢？

孩子之所以在睡前拖拉磨蹭，很可能是因为妈妈最近太忙了，都没时间陪伴他，他觉得很委屈，希望和妈妈多待一会儿。

孩子之所以早上不想上学，很可能是因为他和某个同学发生了矛盾，或者在学习上遇到了困难，他感到害怕，不知道怎么去面对，需要家长的帮助。

孩子之所以写作业不专心，很可能是因为他上课没听懂或者作业太多、太难，他有畏难情绪，不知道从哪里下手。

看完以上文字后，在养育孩子的问题上，作为家长的你是否有了新的视角呢？你是否想到了更有效的解决方案呢？你该如何支持孩子呢？你该如何帮助孩子呢？

在睡前，如果家长陪孩子一起玩一个亲子游戏，满足孩子亲子联结的心理需求，孩子就会更容易入睡。

为了避免孩子上学迟到，家长可以提前十分钟叫孩子起床。家长可以用好玩、搞笑的方式叫孩子起床，让孩子在欢声笑语中开启美好的一天。

第一节
正确应对分离焦虑

分离焦虑是一种常见的情感问题。这种分离焦虑会影响个人的生活、学习。那么,我们该如何正确应对分离焦虑呢?

★ 家长要帮助孩子缓解分离焦虑

1. 低年龄段的孩子更容易出现分离焦虑

有分离焦虑的孩子通常会有以下表现:
看不到妈妈就会大哭,甚至不让妈妈去上班;
不愿意去上幼儿园,每天早上都会因为上幼儿园这件事哭很久;
很难分房睡觉,必须和妈妈睡在一起;

一定要摸着妈妈才能睡觉，妈妈一离开，就惊醒。

有的妈妈因为担心孩子，受不了孩子哭，不理解孩子大哭背后的的原因，选择逃避问题或者放任不管孩子。

有的妈妈会趁孩子不注意时偷偷溜走。将孩子送到幼儿园门口时，有的妈妈不能跟孩子果断分离，总是在幼儿园门口跟孩子拉扯很久。有的妈妈始终不舍得和孩子分房睡觉。以上这些做法反而会在无形之中加重孩子的分离焦虑。

2. 孩子安全感构建的过程

分离会对孩子的安全感造成挑战。对于低幼儿童而言，短暂的分离就足以让他产生焦虑。儿童的焦虑程度和安全感构建的过程有关。

婴幼儿时期是孩子安全感构建的重要阶段。孩子逐渐对这个世界有一些基本的认知，比如周围的环境是否安全，周围的人是否值得信任，自己的需求是否被及时回应，等等。

当然，孩子的安全感并非在婴幼儿时期就定型了，而是在不断地发展中。孩子安全感的构建包含物质层面的安全和精神层面的安全，两者缺一不可。

随着一声啼哭，一个小婴儿来到了这个世界上，面对照料自己的人，他既感到恐惧，又充满了依赖。当小婴儿渴了、饿了、大哭时，有人回应；当小婴儿的尿布湿了，有人帮忙更换；当小婴儿冷了，有人帮忙穿好衣服，盖好被子。如果小婴儿确信自己有一个或多个细心照顾自己的人，确信自己是安全的，物质层面的安全感就逐步构建起来了。

精神层面的安全感则来自照料人无条件的爱、接纳、包容、尊重等。婴儿的情感需要被及时回应。婴儿最初会通过咿咿呀呀、眼神和照料人交流。如果婴儿能从照料人的行为中确信自己是被接纳、被爱的，他就获得了精神上的安全感。

随着年龄的增长，孩子进入独立意识和自主精神发展的重要时期，开始脱离母亲，构建对外部世界的安全感，这是人类成长的必然方向。

孩子开始试着离开照料人一段时间，观察周围的环境是否安全。孩子如果发现，即使没有照料人在自己的身边，这个世界也是安全的，对外部世界的安全感和信任感就会建立起来。

一两岁的孩子，即使离开妈妈去玩耍，每隔一段时间也会回头找一找妈妈，或者回到妈妈身边待一会儿再回去继续玩。这是孩子正在构建对外部世界安全感的正常表现。处在此阶段的孩子，内心是矛盾的，一方面他很想满足自己独立的需求，另一方面他又想待在原来的安全模式中。如果照料人短暂离开，比如去上班，孩子就会有分离焦虑的表现。

三岁左右的孩子开始上幼儿园，离开自己熟悉的照料人，离开熟悉的家，待在一个完全陌生的环境中，跟陌生的人在一起生活。此时的孩子会对新环境产生恐惧感，担心自己被抛弃，担心自己不被老师接纳……这一切会让三岁左右的孩子感到焦虑不安。三岁左右的孩子如果无法应对这些压力，就容易哭闹，不上幼儿园，产生分离焦虑。

有的孩子习惯了和家长睡在一起。如果家长不再跟孩子一起睡，孩子就容易产生不安全的心理，担心失去家长的爱。当孩子接受了自己必须独立睡觉的事实，并且相信家长的爱并不会因此消失时，孩子才能构建独立睡觉的安全感。

在安全感构建的过程中，孩子的每一次成长都伴随着独立前行的挣扎和痛苦。经历过挣扎和痛苦之后，孩子才能获得真正的成长。

3. 妈妈自身存在的分离焦虑

我再来谈一下妈妈的分离焦虑。从怀孕的那一刻起，有的妈妈就开始有操不完的心。从孩子离乳，到孩子上幼儿园，再到和孩子分房睡觉等，有的妈妈就感到很焦虑。焦虑的根源并不是孩子没有准备好分离，而是妈妈还没有做好和孩子分离的准备。

如果家长放心不下孩子，那么家长向孩子传递的信息就是"我不相信你可以照顾好自己"。孩子感受到的是家长的不信任。有时这种不信任感反而会加重孩子的分离焦虑。

一位儿童心理学大师曾说，人们似乎总是很难相信自己是足够好的，好到可以在自己内部创造出相当优秀的新事物。

家长如果想要帮助孩子顺利地渡过分离焦虑期，就需要先缓解自己的焦虑情绪。有一个缓解焦虑情绪的方法是你找一个家长群体，并加入这个家长群体，说一说自己正在经历的事情，也听一听其他家长说的事情，你通常很快就能得到这样的结论：原来别人家的孩子也是这样的啊！"别人家的孩子也是这样的"结论能在某种程度上缓解家长的焦虑情绪。家长焦虑的背后，其实隐藏着一个重要的信息，那就是"我的孩子是正常的吗？"。有的家长一发现自己家的孩子和别人家的孩子没什么太大的区别，心里就踏实多了。

除此之外，家长要花时间去了解：孩子在不同的年龄阶段会经历怎样的心理路程呢？会有哪些行为上的变化呢？这些变化背后隐藏的是孩子的哪些心理需要呢？

家长将孩子的问题搞清楚，做到心中有数，可以缓解自身的焦虑。

不过度焦虑的家长能够更轻松地面对孩子的分离焦虑。

4. 缓解分离焦虑的亲子游戏

针对不同场景下的分离焦虑，我们有不同的游戏方法。在孩子上幼儿园之前，家长可以和孩子一起玩上学游戏，帮助孩子了解幼儿园的一日流程，增强孩子的内在安全感。家长还可以和孩子一起做一个小手工，让孩子带到幼儿园，以便孩子能在幼儿园里看到熟悉的物品，缓解孩子的分离焦虑。

记得我儿子刚上幼儿园时，他都已经走到教室门口了，却死活不进去。我对我儿子说："我们一起变一个魔法吧。你说阿布拉卡达布拉，妈妈就变小。"等我儿子说完，我就假装变小，然后将假装变小的自己放到我儿子的口袋里，陪我儿子一起进教室。这个游戏给了孩子一种"有妈妈陪着"的安全感。

有时我儿子也会顺手将我脖子上的丝巾拽下来放到他的口袋里。为了帮助我儿子渡过分离焦虑期，我也会给他阅读《魔法亲亲》《阿文的小毯子》之类的绘本。

一起制作的手工、妈妈的丝巾、绘本，甚至孩子喜欢的玩具等，都被温尼科特（英国著名心理学家）称为过渡性客体。这些过渡性客体可以帮助孩子缓解焦虑情绪，相当于在孩子和妈妈之间有一条无形的纽带，这对孩子的心理发展有着非常重要的意义。终有一天孩子可以独自面对这个世界，不再需要这些过渡性客体。

每个孩子的成长时间是不同的，家长需要做的就是接纳孩子，陪伴孩子，等待孩子成长。当孩子还未真正独立的时候，家长要给孩子支持。

妈妈出差时，除了和孩子视频通话以外，还可以通过视频和孩子一起玩游戏。妈妈可以和孩子一起玩躲猫猫游戏。如果妈妈和女同事一起出差，妈妈就可以邀请女同事和孩子一起玩"变妈妈，变阿姨"的游戏。

有一位妈妈分享了一个由孩子们自创的视频游戏。孩子们正在和爸爸视频的时候，突然一动不动，让爸爸误以为网络信号不好，等一会儿再开始说话，让爸爸误以为网络信号恢复了。看到爸爸被骗得着急忙慌的样子，孩子们哈哈大笑。

妈妈如果是一个人出差，就可以通过视频和孩子一起玩"情绪变脸"的游戏。该游戏的玩法是一方说一个描述情绪的词语，另一方做出相对应的情绪表情，可以搞笑、夸张一点儿。

隔着屏幕的笑声是妈妈出门在外送给孩子最好的礼物。笑声可以帮助孩子缓解他的分离焦虑。

如果孩子的年龄小，妈妈没办法和孩子一起玩互动游戏，就可以自导自演，给孩子做出各种面部表情，一样可以换来孩子的笑声。

我和我儿子经常一起玩"连载故事会"的游戏。我会在出差前一晚给我儿子编一个故事，我不会给我儿子讲完这个故事，我会告诉我儿子："等明天晚上你跟妈妈视频的时候，我会继续讲这个故事。"为了继续听故事，我儿子就非常期待和我再次视频。家长还可以让孩子参与编故事。故事就成了妈妈和孩子之间的那条无形的纽带。

5. 孩子多大可以分房睡觉呢

有的家长问我："孩子多大可以分房睡觉呢？"在我看来，孩子分房睡的年龄因个体差异而异。妈妈和孩子都准备好的时间，就是最合适的分房睡觉的时间。

分房睡觉和离乳这两件事在某种程度上有很多相似之处。妈妈一旦开始和孩子分房睡,就开启了和孩子分离的开关。有时孩子一哭闹,有的妈妈就容易心软,开始担心:"是不是孩子还没有准备好呢?是不是孩子的安全感还不够呢?会不会影响孩子的心理健康呢?"

如果妈妈担心孩子,传递给孩子的信息就是:"妈妈不相信我已经准备好了。"孩子自然就不愿意分房睡。

如果妈妈一看到孩子哭闹,就选择放弃尝试,继续哺乳或同睡,之后再次尝试时会变得更加困难,因为孩子已经知道他可以通过哭闹的方式逼迫妈妈放弃尝试。这不但会让妈妈感受到挫败,还会让孩子有一种强烈的无力感,让妈妈和孩子陷入更多的消耗当中。

离乳或分房睡觉是孩子心理成长的一大步。有的孩子远离妈妈时会产生一种恐惧感,担心妈妈不再爱他。在孩子的认知里,喝母乳、跟妈妈同睡已经成为他生活的一部分。离乳或分房睡觉会让有的孩子担心自己失去妈妈的爱,这种担心会促使孩子出现倒退行为。这样的担心和恐惧同样是孩子在成长过程中必须经历的。

如果妈妈能坚定地理解和接纳孩子,孩子就能减少自己的恐惧心理。只要妈妈相信孩子能安抚好他自己,孩子就能和妈妈实现分离。

★ 分离焦虑的本质是联结断裂

1. 为什么孩子一看到妈妈就会哭闹

有一次我在幼儿园门口接我儿子时,看到了这样的场景:当老师带着孩子们走出校门时，有一个小男孩在看见他妈妈的那一瞬间，就突然张口大哭，把老师搞得很尴尬，似乎这个小男孩在学校里受了很大的委屈。

还有一个场景，你一定不会感到陌生。老人在家带了一天的孩子，孩子吃喝玩乐一切正常，没有任何哭闹。可一旦妈妈下班回到家，孩子就开始各种哼唧，黏着妈妈，一不顺心就发脾气、哭闹。

为什么孩子会出现这种情况呢？首先，这是因为孩子离开妈妈一整天了，他一直都在努力遵守规则，努力让自己做一个好孩子，积累了一些负面的情绪。再次见到妈妈时，孩子感到心理安全，就会将自己积累的负面情绪释放出来。孩子在妈妈面前哭闹，说明妈妈和孩子之间有良好的安全型依恋关系，妈妈只有让孩子觉得安全，孩子才会在妈妈面前释放自己积压的负面情绪。其次，这是因为孩子和妈妈分离了一整天，处于联结断裂的状态，孩子需要通过和妈妈拥抱、玩游戏、释放情绪等方式和妈妈重建联结。

在和孩子分离了一整天之后，妈妈要有意识地和孩子重建联结，比如下班回家时给孩子带一个小礼物，可以是一片好看的树叶，也可以是孩子爱吃的小零食等，让孩子感受到自己被深爱。看见孩子的那一刻，妈妈可以给孩子一个大大的拥抱，并告诉孩子："我今天一整天都在想你。"

我儿子刚上幼儿园的头两个月，每天我都和我老公一起去接儿子放学。接到儿子以后，我们俩就分别将自己的一只手搭在另一只手的手腕上，然后再将两个人的手搭在一起做一个"轿子"，让儿子将脚伸进我俩用胳膊环成的圆圈里，儿子就如同坐轿子一样，坐在我们俩的手上。我们俩就这样将儿子抬回家，儿子因此感到非常开心和满足。

有一个妈妈是这样做的：在孩子上幼儿园期间，妈妈每天都会给孩子画一幅画，等晚上见面时就将画好的画交给孩子，并且各自讲一讲自己这一天都做了什么。这样孩子就会知道："妈妈即使在上班，也一直在想我。"孩子就可以充满力量地面对新的一天的分离。

2. 用游戏帮助孩子适应分离

有的孩子在幼儿园门口和妈妈难舍难分，哭闹不止，却在幼儿园里表现得一切正常。还有的孩子在幼儿园里表现得特别乖巧，晚上回到家之后却百般挑剔，遇到一点小事就会爆发情绪。在遇到以上情况时，家长可以通过游戏来帮助孩子适应分离，释放情绪。

《游戏力养育》的作者科恩博士介绍了一种名为"你好！再见"的游戏，这个游戏可以帮助孩子更好地面对分离。家长向孩子招手，走过来对孩子说："你好！"然后立刻对孩子说："我要走了，再见。"接着家长原地转身，背对着孩子，很快又转回身对孩子说："你好！"然后立刻对孩子说："我要走了，再见。"家长用轻松的语调迅速地重复上演"你好！再见"的游戏。这个游戏可以让孩子不断体会到充满乐趣的"再见"，缓解孩子因为"再见"产生的紧张感和焦虑感。

"就要黏着你"这个游戏的玩法是，妈妈和孩子互换角色，妈妈来扮演不想上学、总想黏着妈妈的孩子，孩子来扮演妈妈。孩子可以通过这个游戏说出自己的内心感受，释放累积的负面情绪。

"孩子"使劲地黏着"妈妈"说："我就不想去上学，我就想和妈妈待在一起，我连一秒钟都不想和妈妈分开，我就要黏着妈妈，就要黏着妈妈……"此时孩子可能会表现得"一脸嫌弃"，努力挣脱。之后"孩子"要继续黏上去，说："哎呀，怎么让'妈妈'跑掉了呢?

我就要黏着'妈妈',就要黏着'妈妈'……"妈妈如果仔细观察就会发现,孩子其实非常享受被妈妈黏着的感觉。

在经历了多次亲子分离之后,有的孩子就会得出这样的结论:"爸爸妈妈不会抛弃我,我是安全的,上幼儿园或短暂的分离并不会影响爸爸妈妈对我的爱。"孩子就会逐渐适应分离,投入到更广阔的世界中。等孩子与家长渐行渐远的时候,家长又会对孩子有诸多不舍了。

3. 如何应对长时间的亲子分离

家长和孩子还要学会面对长时间的亲子分离。有的家长担心长时间的亲子分离会让孩子没有安全感,影响亲子关系。作为家长的你如果不得不跟孩子分离一段比较长的时间,就可以参考以下三条建议:

首先,你要在分离期间想尽办法和孩子保持联结,比如在固定的时间给孩子打电话或者用视频通话,在视频通话的过程中和孩子一起玩本书中的游戏,让孩子知道你一直牵挂着他。另外,你要和孩子的照料人保持沟通,时刻了解孩子的情绪状态,想办法缓解孩子因为亲子分离而产生的孤独感。

其次,理解并接纳孩子因为长期的亲子分离而产生的不安全感和不良情绪。你还要做好心理准备,当你回到孩子的身边时,你和孩子重建联结可能需要比较长的一段时间。你要想办法修复亲子关系,帮助孩子释放累积的不良情绪。

最后,你要相信,孩子所受的心理创伤可以被疗愈,你要对孩子有足够的耐心。你即使被拒绝,也要坚持和孩子建立联结。你要让孩子知道,你的怀抱随时为他敞开。

★ 觉察日记

（1）你还记得孩子刚上幼儿园时的场景吗？孩子跟你的分离顺畅吗？面对亲子分离，你有什么样的感受呢？再次面对亲子分离时，现在的你有什么不一样的感受吗？

（2）面对亲子分离，最令你感到困扰的难题是什么呢？对你来说，分离最大的障碍是什么呢？

（3）觉察一下，面对亲子分离，你是否也有分离焦虑呢？你有哪些具体的表现呢？

★ 亲子游戏："云寻宝"

使用场景：妈妈出差或者暂时离开孩子。

妈妈根据离开的时间，提前准备好几个袋子，在袋子里面装上孩子喜欢吃的东西、喜欢玩的小玩具等，将装好东西的袋子分别藏在家里不同的地方。妈妈在跟孩子视频时，给孩子提示，让孩子去找到这些装有"宝物"的袋子。孩子就开始了寻宝游戏。

妈妈还可以跟孩子约定好，当孩子收集齐所有的袋子时，就是妈妈回来的时间，这样做会让等待的日子变得好玩，让孩子充满了期待。这些装有"宝物"的袋子就是一条条无形的线，线的这一头联结着孩子，线的那一头联结着妈妈。

第二节
家长如何帮助孩子克服恐惧

如果孩子长期处于惊恐之中，这非常不利于孩子养成良好的性格。在日常生活中，家长要帮助孩子克服恐惧。

★ 知己知彼，揭秘恐惧的真相

1. 什么是恐惧

孩子在成长的过程中，难免会遇到一些让人感到恐惧或害怕的东西。

有时孩子害怕的东西是具象的，比如害怕马桶，害怕某个动物，害怕干枯的树枝，害怕某个女性，害怕穿某件衣服的人，等等。

有时孩子害怕的东西是抽象的,比如害怕床底下有怪物,害怕妈妈会突然死掉,害怕自己被抛弃,等等。

有的孩子害怕洗头发,害怕打针,害怕上台表演,害怕下水游泳,害怕滑滑梯,等等。

有的恐惧甚至会影响孩子的日常生活。在面对自己内心的恐惧时,孩子没有办法自行处理,他需要一个理解和支持他的成人。

在讲如何应对恐惧之前,我先来讲一下什么是"恐惧"。

有时家长很容易发现孩子感到恐惧了。有时家长需要用心留意才能捕捉到孩子传递出来的感到恐惧的信号。失眠、尿床、长时间哭泣、吃手、沉默不语等都有可能是孩子感到恐惧的信号。

每个孩子在成长的过程中都会有感到恐惧的时候。家长要理解和接纳孩子的恐惧情绪,允许孩子释放自己的恐惧情绪。随着时间的推移,孩子会克服某些恐惧情绪。如果家长不理解、不接纳孩子的恐惧情绪,甚至否定孩子,批评孩子,孩子的恐惧情绪就可能会加剧并发展成长期的困扰。

2. 恐惧的来源

那么,"恐惧"是从哪里来的呢?我总结了几种常见的恐惧来源。

有的恐惧来自明确的刺激源,比如恐怖电影、恐怖小说或有关人命案的新闻等,这一类的刺激源比较容易被识别。

我儿子在上幼儿园大班时,和他表哥一起看了一部恐怖电影。之后我儿子每天晚上睡觉前都会说自己害怕,紧紧地搂着我的脖子,迟迟不松开。

对于孩子日常接触到的信息,家长需要筛选一下,尽量避免孩子过早接触有暴力、恐惧倾向的动画片、电影、游戏、图书等。

有一种恐惧来自不明确的刺激源。这里所说的不明确的刺激源是指那些容易被家长忽略的刺激源。

那个在幼儿园门口等待妈妈的孩子，会想些什么呢？他也许会想："是不是妈妈出了什么意外？是不是妈妈永远不会来接我了？……"这些想法会让孩子陷入恐惧的旋涡里，给孩子的内心留下深刻的印记。从那之后，孩子只要和妈妈分开就会感到恐惧，害怕妈妈会突然消失或死去，这样的感受可能会伴随孩子很多年。

孩子害怕穿黄色衣服的人，可能是因为某个穿黄色衣服的人让孩子感到了恐惧，从此黄色衣服就成了让孩子感到恐惧的触发点。

孩子之所以害怕洗头发，可能是因为他某次洗头发时，水流进了他的眼睛和耳朵，他经历了非常痛苦的瞬间。孩子之所以害怕打针，可能是因为他某次打针时被几个大人压住了身体，他感受到了无助和恐惧。从此洗头发、打针，甚至医院和白大褂，都成了让孩子感到恐惧的触发点。

家长都希望自己的孩子拥有直面恐惧的勇气和力量。当孩子被恐惧淹没时，孩子便无法发挥出自己真正的实力。

3. 家长需要帮助孩子克服恐惧

恐惧不会自行消失。家长需要帮助孩子克服恐惧，将恐惧的影响降到最低。

有时家长严苛的养育方式也会让孩子感到恐惧。在严厉的家长面前，弱小的孩子无力反抗，于是"现实中的危险"转换为"象征性的危险"，害怕黑暗，害怕独处，害怕床底下有怪物，等等。

当孩子写作业时，家长在做什么呢？有的家长总是忍不住指出孩子的错误，一遍又一遍地纠正孩子，这样的纠正不但不会让孩子主动改错，还会让孩子分出一部分精力来应对家长的指责。孩子带着恐惧写作业，根本无法发挥出自己真正的实力。

4. 恐惧的积极意义

人类历史发展到现在，所有的情绪都是我们需要的情绪。恐惧是人类的一种本能的自我保护机制，可以让人类在危险面前迅速做出一些反应，以保护自身免受潜在危险的伤害。

值得一提的是，有的恐惧真的会让人陷入危险，有的恐惧只会让人感到危险。一个人如果对恐惧的识别过度敏感，就会引起过度反应，这是我们不想看到的结果。

孩子的恐惧需要被识别和解读。家长需要成为孩子的"外部调节器"，帮助孩子识别真正的恐惧，并教会孩子如何和"恐惧"共存。

★ 将"恐惧"外化，找到合适的相处方式

为了应对孩子的恐惧情绪，家长可以从以下几个方面入手：

1. 识别并理解孩子的恐惧

家长识别并理解孩子的恐惧，意味着孩子的恐惧可以被看见、被接纳。

当孩子做出害怕的动作时，有的家长的第一反应是："没事！这有什么可怕的啊！你看看，这里什么都没有啊！"即使家长说的是事

实，传递的也是对孩子恐惧的否定。孩子的恐惧是真实的，是需要被重视的。

2. 反复梳理孩子的恐惧情绪，帮助孩子重建认知

在帮助孩子克服恐惧情绪的过程中，家长需要有足够的耐心。

经历过心理创伤的孩子，留在大脑中的是未经整理的记忆碎片和散落的情绪，每一片碎片都可能是让孩子产生恐惧的触发点。家长需要帮助孩子反复梳理这些恐惧情绪，让孩子通过一次又一次的倾诉将发生的事件和情绪分开，帮助孩子重建认知。

除了倾听孩子的诉说以外，家长还可以让孩子通过游戏、表演和画画等方式将他自己的感受表达出来。

我儿子在看过恐怖电影之后产生的恐惧情绪，就是通过画画的方式表达出来的。我让我儿子将自己的感受画出来，并且让我儿子详细地描述他自己的感受，我则耐心倾听。当我儿子说他感到害怕时，我则给足他安全感，既不否定他，也不着急催促他赶快睡觉，而是耐心陪伴他，并且告诉他，我会待在他身边，以便确保他的安全。这个过程持续了几个月。不给孩子克服恐惧的时间设限，也是家长真正接纳孩子的表现。某一天我突然发现，儿子在睡前不再说感到害怕了。

3. 将恐惧的情绪外化

家长可以让孩子画出来令他感到害怕的东西，然后给它们涂上五颜六色的颜色。可以让孩子给可怕的怪兽画上夸张的鼻子。家长也可以让孩子用假想游戏的方式说出来令他感到害怕的东西。

如果孩子害怕一个人睡觉，总觉得房间里有一个怪兽，家长就可

以问问孩子:"那个怪兽是什么样子的?他是不是长着一个巨大的屁股呢?他是不是红色的呢?仔细一看,其实那不是屁股,那是脑袋啊!哇,这只怪兽的脑袋居然长在屁股上!那你能不能告诉我,他的脑袋是什么样子的啊?"

这种轻松搞怪的方式会将恐惧的情绪外化。谈论或描述那个让自己感到恐惧的东西,可以缓解自己的恐惧情绪。

有一次,我在某电影中看到这样一个场景:一只长相非常恐怖的大蜘蛛,它的每只脚上都穿上了滑轮鞋。看到大蜘蛛站不稳就要滑倒的样子,我感到非常滑稽,就忍不住发笑,瞬间就觉得大蜘蛛也没那么恐怖了。笑声能帮人们释放掉一部分恐惧情绪,让一些东西变得不那么可怕。

4. 陪伴孩子直面恐惧,让孩子有克服恐惧的成功经验

家长可以用游戏的方式帮助孩子直面恐惧。

以孩子怕狗为例。妈妈可以将一个小狗的玩偶放在远离孩子的地方,并告诉孩子:"我们今天一起玩一个'战胜大黄狗'的游戏。妈妈陪着你一起往小狗玩偶的方向走,你来把握进度。你说走,我们就走;你说停,我们就停。"

在整个过程中,妈妈不去催促孩子,也不要有"一直让孩子往前走"的目的性。如果孩子表现出明显的抗拒情绪,妈妈要允许孩子停下来,并安抚孩子,等孩子的情绪平复之后再开始尝试。

最初玩这个游戏时,孩子可能连看都不敢看这个小狗玩偶。玩这个游戏的次数多了以后,孩子的变化是肉眼可见的。

在第一次玩这个游戏时,孩子敢站在远处盯着这个玩偶看了,这

就是进步。

在第二次玩这个游戏时，孩子可能会往前走一步，也可能不走，但他能够跟这个小狗玩偶在一个房间里远距离共处了。

再次玩这个游戏时，孩子可能就愿意多走几步了。

在玩游戏的过程中，孩子有妈妈的陪伴，他觉得很安全，并不断地克服自己对狗的恐惧。

在玩游戏的过程中，家长需要放下自己的预期，不催促孩子，只是陪着孩子一起去面对恐惧，甚至允许孩子后退。

玩游戏的过程正是孩子不断面对自己内心恐惧的过程。此时家长的陪伴和支持会让孩子更有力量去面对和克服恐惧。

家长需要帮助孩子看到自己的进步之处，还需要将关注点放在孩子已经做到了多少上，而不是还有什么没做到上。

一段时间之后，孩子就可以抱着这个小狗的玩偶玩耍了。在外面看到真的狗时，孩子就不再感到恐惧了。

当然，我并不是说怕狗就一定是一个问题，就一定要去解决。很多时候，问题只是一个现象，只有我们将它当作一个问题时，它才会成为问题。

这里的狗代表的是影响孩子日常生活的、让孩子感到恐惧的事物。这个直面恐惧的游戏过程被《游戏力》的作者劳伦斯·科恩博士称作"轻推"。我来总结一下"轻推"的关键步骤：

（1）陪孩子一起做；

（2）确保孩子的情绪在临界点之内；

（3）让孩子做游戏的主导者；

（4）允许孩子暂停，甚至后退，但永不放弃；

（5）每当孩子暂停时，家长都需要给孩子提供情感支持，理解孩子的情绪，肯定孩子的进步之处。

我们可以将"轻推"应用到更多的场景中。以孩子害怕游泳为例。在刚开始时，家长只需要带着孩子在泳池边上玩玩水。接着，家长让孩子将脚放在水里拍打。不久之后，孩子就可以在水里待着了。最后，孩子克服了自己的恐惧，学会了游泳。

克服恐惧所需要的时间长短因人而异。有的孩子可能很快就克服了自己的恐惧，有的孩子可能需要一两年的时间才会克服自己的恐惧，这些都是非常正常的现象。家长越能放下自己的预期，孩子越能给家长带来惊喜。

对于家长来说，帮助孩子克服恐惧的过程是非常具有挑战性的。一段时间之后，有的家长如果看不到结果，就非常容易放弃，或者产生强烈的挫败感。

家长帮助孩子直面恐惧，让孩子有克服恐惧的成功经验，意义深远。

家长也可以用"轻推"帮助孩子克服上台表演的恐惧感。有的孩子能在家里唱歌、跳舞，但就是不敢上台表演，一上台就紧张得说不出话来。有的孩子因为某次不太好的舞台体验，对舞台产生了恐惧。

在孩子成长的过程中，家长要给孩子提供展现自我的机会，这不仅能够促进孩子的全面发展，还能增强孩子的自信心和社交能力。从这个角度来讲，家长非常有必要帮助孩子自信、大方地展示自己。家长同样可以借助游戏来帮助孩子克服对舞台的恐惧。

有一次，我儿子把床当成舞台，将话筒支在床上；在卧室门口放上了一张桌子，用来做检票口；将家里的小板凳摆成一排，当作观众席。

做好这一切之后，我儿子开始了他的音乐秀。

整个流程都是我儿子设计的，我儿子一个人扮演了检票员、音响师、报幕员、表演者等众多角色。我只需要按照我儿子的要求去做就可以了。我儿子玩得非常尽兴，他将自己会唱的歌都唱了一遍。

在平时的生活中，我儿子很少能一下子唱这么多首歌。在游戏中，我儿子所展现出来的能力是高于实际生活的，可能是因为他在游戏中更放松，更接近真实的自己。

如果你的孩子对舞台有恐惧感，那你就让你的孩子在家里开一场音乐会吧。身处游戏的场景中，孩子会尽情地展示自我，缓解自己对舞台的恐惧情绪。成功的歌唱体验会给孩子带来更多的安全感，让孩子更有力量面对真实的场景。

有的孩子即使在游戏中也不敢展现自我。面对这种孩子时，家长要寻找孩子不敢展现自我的原因。

首先，家长需要确认一下：是谁在主导游戏？家长有没有带着强烈的目的性去安排孩子？如果一切都是家长主导的，那么孩子就会在游戏中感受到很大的压力，很难真正地放松下来。

家长只需要和孩子提议玩游戏，至于怎么玩这个游戏，由孩子自己决定。如果孩子想在家里办一场家庭音乐会，家长就完全交给孩子去办，只需要听从孩子的安排就好了。也许你的孩子有很多的想法，他要举办的不是一场音乐会，而是一场话剧表演，这都是完全没有问题的，家长只需要跟随孩子就好了。

其次，家长要给孩子做示范，并给孩子足够的时间去克服恐惧。

在我儿子3岁左右时，为了帮助他提高自信心，体验演讲带来的成就感，我安排了家庭演讲时间。我给我儿子搭建了一个小舞台，以便我儿子每天站在上面演讲1分钟。最初我儿子很排斥，也不知道该讲些什么。

我就给我儿子看其他孩子的演讲视频，让我儿子对演讲大概有一个概念。一开始，我儿子只需要站在台上这样介绍自己："大家好，我是xxx，谢谢大家。"随后，我再让我儿子慢慢地增加演讲的内容。

同时，我和我老公也会轮流上台演讲，给孩子做示范。再后来，我让我儿子自由选择演讲的话题，他可以讲自己熟悉或感兴趣的话题，比如给大家介绍他刚拼起来的乐高玩具等。我儿子逐渐习惯了这种演讲的形式，一讲起来就停不下来。

游戏给孩子提供了一个安全的环境。如果孩子真实的能力和水平能在游戏中展示出来，孩子就会从中体验到"我真的可以做到"，这是一种来自内在的自我肯定。内在的自我肯定要远比外在的肯定更有意义。

即使家长发起了游戏，有的孩子也可能会抗拒玩游戏。这可能是因为这个游戏场景激活了孩子的某些体验，让孩子再次感到恐惧。

同样是一场音乐秀，家长来扮演一个害怕上台的角色，夸张地说出孩子的想法："不行不行，我不要上台，太可怕了！万一我一脚踩空了，舞台塌了，怎么办？万一有人冲上来把我赶下去，怎么办？万一顶上的灯掉下来，砸到我，怎么办？"家长可以一边这样说着，一边捂着眼睛装作不敢看。

家长一边假装吓得不敢往前走，一边语气夸张地说一些搞笑的话，比如"万一有海水冲进来把舞台淹掉了，我下不来了，怎么办？"等。

家长这样做可以逗孩子笑，笑声可以让孩子缓解焦虑，释放压力，让孩子恢复正常的情绪状态。

家长在游戏中扮演柔弱无助的角色，也是一种力量的颠覆和角色的置换。孩子扮演的是"镇定的第二只小鸡"的角色。《游戏力》的作者科恩博士在书中用一个有趣的生物实验现象来比喻这种状态，就是"镇定的第二只小鸡"。该实验结果说明：当第一只小鸡被吓呆时，它会通过捕捉周围的信号来评估现在是安全的还是危险的。如果第一只小鸡看到旁边的第二只小鸡也是紧张焦虑的，第一只小鸡收到的就是危险信号，它会陷入装死的僵直状态。如果第一只小鸡看到旁边的第二只小鸡在淡定闲逛，第一只小鸡收到的就是安全信号，它会重新活跃起来。

有的孩子会想尽办法安抚家长，向家长证明自己是绝对安全的，不会发生意外的情况。表面上孩子是在安抚家长，实际上孩子也是在安抚自己。这样的体验可以让孩子更有自信和力量面对自己的恐惧情绪。

如果孩子在游戏中因为一点小事就开始发脾气，排斥玩游戏，甚至大哭大闹，完全被自己的情绪控制，这是一个信号，说明孩子内心隐藏的情绪被触发了。此时家长要学会倾听孩子，引导孩子将累积的不良情绪释放出来。

有的孩子可能会大哭一场，摔东西，甚至会与家长激烈地对抗，动手打家长。有的孩子可能会对家长说"我再也不想和你玩了！""我讨厌你！""我再也不唱歌了！"等。这些行为或语言背后是孩子在释放自己的恐惧情绪。此时家长需要扮演好倾听者的角色，温柔地陪伴自己的孩子，千万不要因为孩子说了什么或者做了什么就去指责孩子。游戏为孩子提供了一个安全的环境。孩子在释放情绪时需要成人的陪伴和支持。

家长要对孩子突然的情绪爆发有合理的预期。家长不要被孩子的表现吓倒，要做好足够的心理准备，也要给孩子足够的时间和空间去处理他自己的情绪。

★ 觉察日记

（1）你特别害怕什么东西呢？那是一种什么样的感受呢？

（2）当孩子感到害怕时，你有没有感受到孩子的害怕呢？孩子经历了什么呢？

（3）你有在公共场合演讲的经历吗？如果有，请你描述一下令你印象深刻的一次公开演讲，并讲一讲自己当时的感受。

★ 亲子游戏："恐惧协会颁奖仪式"

使用场景：帮助孩子克服恐惧。

如果孩子非常恐惧某个事物，并且内心的恐惧已经严重影响孩子的日常生活了，孩子也想克服自己的恐惧，那么家长就可以通过这个游戏陪伴孩子一起克服恐惧。

为了帮助孩子克服对狗的恐惧，我们在家里成立了"克服大黄狗恐惧协会"，邀请爷爷奶奶担任会长，孩子作为会员，并给孩子举办了入会仪式。

只要孩子在克服恐惧的过程中有一点突破，我们就给孩子制作专门的证书，并以协会的名义举办正式的颁奖仪式，为孩子颁发相应的证书，庆祝孩子的成长。可以在证书上这样写：

兹证明XXX，通过自己的努力取得了可喜的进步，他已经可以独立完成：

（1）跟小狗玩偶一起玩游戏；

（2）可以远远地看着小狗，不再躲闪；

（3）可以勇敢地往前迈出1米远的距离。

恭喜你的进步，XXX

签名：_____

爷爷奶奶：克服大黄狗恐惧协会会长

见证人：_____

日期：＿＿＿年＿月＿日

第三节
支持孩子的社交发展

人际交往能力会影响孩子今后的生活和工作。孩子的社交能力并不全是天生的，它是可以在后天培养的。

★ 从出生到青春期的社交发展需求

在我儿子两岁多时，为了给我儿子提供丰富多样的社交环境，让我儿子有更多和其他小朋友互动的机会，我每周都会组织小区的妈妈们一起带着孩子们出去玩。

孩子们很享受在一起玩的时光。妈妈们聚在一起也有说不完的话。我们一起到动物园喂大白鹅，在海边挖沙子，一起坐双层观光巴士，一起野餐……

这样的活动持续了很多年，让我有机会从更多的层面去观察孩子们的社交情况。下面是我观察到的不同年龄孩子的社交情况。

1. 不同年龄孩子的社交情况

有一个两岁半的女孩，总是一个人待着，从来不和其他小朋友互动。这个女孩的妈妈就特别着急，一直催促女孩去和其他小朋友一起玩。由于这个女孩不和其他小朋友玩，因此她的妈妈就很生气。

我三岁的儿子刚上幼儿园时，也不喜欢和其他小朋友一起玩耍，他更喜欢听老师讲绘本故事。我老公一开始很担心，生怕我儿子不合群。我儿子五岁多时，在小区里跟一个男孩打架，他们俩有很激烈的肢体冲撞。我之所以在一边窃喜，是因为我儿子终于开始跟男孩子一起打闹了。不一会儿，那个男孩的奶奶很着急地冲过来对俩孩子说："不要打架，好好玩。"

一个六岁的女孩在小广场上玩，遭到一群小女生的排斥。这个小群体里面有一个带头的小女孩，经常带头排斥和嘲笑其他小朋友。还有一个小女孩，经常跑过来告状，跟妈妈们汇报其他孩子的种种行为。

一个九岁的女孩，因为她的同桌想跟另外一位同学坐在一起，就跑回家跟妈妈哭诉。她的妈妈对此气愤不已，找我抱怨："难道我的女儿不好吗？为什么我女儿的同桌不想跟我女儿坐在一起了呢？"

那么真相是什么呢？

在这些社交场景中，家长的纠结、担心、着急和气愤，对孩子的社交发展有什么实质性的帮助吗？我们又该如何看待不同年龄孩子的社交问题呢？

在此之前，我想先介绍一下儿童社交游戏的发展阶段。

2. 儿童社交游戏的发展阶段

第一个阶段：儿童"无所事事"，不会参加任何活动，对周围的事物有短暂的注意力。这个阶段的儿童抓到什么就拿什么，看到什么就用眼睛盯一下，也可能会看向某一个地方。

第二个阶段：旁观行为，儿童在旁边观察别人玩游戏，但不会参与其中。这个阶段的儿童会注意特定的一群小朋友或一个活动，不会到处游走，就像在用眼睛玩游戏一样。

第三个阶段：儿童会将自己的注意力集中在玩具上面，远离其他人，单独玩游戏，不会在乎别人做什么。这个阶段的儿童和身边的其他小朋友玩的不一样，有时看似几个孩子在一起玩，但彼此毫无交流，自己玩自己的，不受旁人的影响。

第四阶段：儿童在同一空间内各自玩各自的玩具，互不干扰，但又会关注他人的游戏行为，称为平行游戏。在此阶段，一群儿童待在一个地方，看起来好像玩在了一起，可是仔细一看，他们各玩各的，并没有交流，也没有建立一套规则。他们既没有合作的行为，也没有共同的目的。

第五个阶段：联合游戏又称分享游戏，它是由多个儿童一起进行同样的或类似的游戏，没有分工，也没有按照任何具体目标或结果组织活动。儿童在游戏中互相分享玩具，互相交谈，但他们还没有能力建立游戏的规则。

第六个阶段：合作游戏是一种较高级的游戏形式，它是一种共同需要、共同计划、共同协商完成的游戏活动。儿童在合作游戏中有明确的分工，有共同的一套游戏规则，有各种角色分配，目标一致，共同完成任务，也有输赢的结果。

从儿童游戏的发展阶段来看，三岁以后的儿童开始进入"一起游戏"的状态。所以在前文中提到的三岁之前的孩子自己玩，不加入其他小朋友的游戏，这是非常正常的表现。三岁以后，孩子开始进入社交游戏的发展阶段。

有的家长一直非常纠结：要不要干预孩子们之间的冲突呢？如果要干预，该怎么把握这个度呢？

事实上，如果家长和孩子建立了稳固的安全型依恋关系，孩子在与家长的互动中学会了如何表达自己，也体会到了与人交往的乐趣，建立了一种"他人愿意与我交往，值得我去信赖"的内在模式，孩子就能更好地发展社交关系。

在《朋友还是敌人——儿童社交的爱与痛》一书中，作者很好地阐述了家长对儿童社交发展的作用："如果把成长比喻为驾船航海的话，拥有稳固的依附关系的儿童与他们最重要的养育者之间的互动，构筑了这艘船坚固的船身。

"我们要做的不是试图帮他们击退风浪，而是专心帮他们打造坚固的船和结实的帆，培养他们的人际能力，让他们能够找到意气相投的水手相伴航行，这样的友谊能帮助他们战胜成长路上的暴风骤雨。"

3.3～7岁儿童社交游戏的目标

3～7岁儿童社交游戏的目标是如何让游戏继续下去。

在游戏中，该年龄阶段的孩子和同伴一起爬上心理学上讲的"玩耍高地"——大家一起创造的一个空间，它并不属于某一个孩子，每个孩子都需要放弃一部分原本由自己掌控的个人空间，但也不能完全丧失自己的意愿。在这个过程中，儿童逐渐掌握各种社交技能——分享和等待，表达自我，读懂他人的情绪，在满足自己和满足他人之间寻求平衡，等等。

我曾经见过这样的场景：两个男孩、两个女孩在家里玩耍。其中一个女孩想玩上课游戏，一个男孩想玩打架游戏，另一个男孩想看动画片。那个小女孩的语言表达能力比较强，坚持要玩上课游戏，并成功说服了另外一个年龄更小的女孩。

两个男孩的表现非常不同。其中一个男孩的想法被否定后，他就加入了两个女孩的上课游戏。另外一个男孩始终不妥协，在其他三个孩子一起玩上课游戏时，他宁愿自己一个人躲起来生闷气，也不愿意加入上课游戏。

在这个场景中，几个孩子表现出了不同的社交能力。发起上课游戏的那个女孩语言表达能力很强，在社交中占据优势。选择一起玩上课游戏的那个男孩，在社交中表现出更强的灵活性。

那个看起来有些执拗的男孩，还有更多的社交发展空间。这并不代表那个男孩的社交能力不足，而是他需要找到能和其他孩子一起玩游戏的方法，或者说服其他孩子听从他的安排。

在写这篇文章时，我找了几个不同年龄孩子的家长，请他们讲了讲自家孩子经常遇到的社交难题。结果发现，女孩比男孩遇到的社交挑战多。或许这是因为男孩的社交问题不容易被关注，男孩的语言表达能力相对较弱。

在跟女孩们一起玩时，男孩们喜欢玩一些过家家之类的角色扮演游戏。当没有女孩在场时，男孩们更喜欢玩一些激烈的追逐、打闹游戏。追逐、打闹其实是男孩们的一种社交语言。男孩们通过追逐、打闹的方式跟他人建立关系，并非真的打架。

值得一提的是，男孩们经常把握不好力度，打闹很容易变成打架。打完之后，如果你问他们为什么打架，他们通常会忘记打架的原因。

有些家长总是限制男孩打闹。与其限制孩子，家长不如多引导孩子，多和孩子玩打闹游戏，让孩子在游戏中学会控制自己的力量。

4.8 ~ 12岁儿童社交游戏的目标

8 ~ 12岁儿童社交游戏的目标是在群体中找到自己的位置。

这个年龄段的孩子们会在一起讨论游戏的规则，探索"什么才是被接受的行为标准"。他们会在校内外组成各种小团体。为了让自己被某个小团体接受，个人选择服从小团体的行为准则。他们并非没有自己的评价标准，只是被群体接受的需要会影响他们的选择。

小团体就像童年的高速公路，孩子被裹挟着前进。友谊更像是安静的小路，孩子可以按照自己的节奏前进。

朋友更关心你真正的样子，不在乎你是否受欢迎。朋友能理解你，陪伴你，支持你，帮助你更好地适应新环境，削弱小团体评价标准的影响力。

有一个妈妈，在她女儿上小学之前，就帮她女儿找了一位好朋友。她女儿的性格比较内向。为了帮助女儿更好地适应新环境，这个妈妈主动联系了女儿班级群里的一位妈妈。在开学之前，两家的女儿就约在一起玩了几次。两个孩子彼此熟悉之后就成了好朋友，这段友谊可以帮助她女儿更顺利地开启小学生活。随着孩子升入更高的年级，在面对班级里的一些小团体时，两个孩子可以互相给予支持。

进入小学之后，孩子开始在意同龄人对自己的评价。社交上的难题往往会给孩子造成很大的困扰。家长如果忽略社交问题对孩子学习的影响，只和孩子谈学习，往往会影响亲子关系，也会让孩子更加没心情好好学习。

5. 青春期孩子社交游戏的目标

青春期孩子的关键词是身份认同，他可以和同龄人一起做任何事。

青春期的孩子开始有了自己的小秘密，会将日记本上锁，回家之后就将自己关在房间里。家长如果想进孩子的房间，就需要先敲门。不管是男孩还是女孩，都开始关注自己的外表。服饰对青春期的孩子来说是非常重要的一部分。从某种意义上讲，服饰是一种无声的语言。

友谊对青春期孩子的重要性相当于家长对婴儿的重要性。青春期的孩子们会在一起抱怨自己的家长，并能替他人保守秘密。给青春期的孩子足够的社交空间，支持青春期孩子的友谊，是家长唯一正确的选择。

6. 家长需要觉察自己的情绪

值得一提的是，家长在面对孩子的社交问题时，总是不可避免地夹杂着自己的情绪。家长如果没有觉察到自己的不良情绪，反而将自己的不良情绪投射在孩子的身上，这不仅无法帮助孩子解决社交问题，还可能会放大孩子的社交问题。

在前文中提到的那个九岁女孩的妈妈，在她女儿因为自己的同桌想跟另外一位同学坐在一起而烦恼时，她抱怨的是："难道我的女儿不好吗？为什么我女儿的同桌不想跟我女儿坐在一起了呢？"真相是，那个女孩的同桌只是更想跟另外一个同学坐在一起，跟那个女孩的好坏无关。

那个妈妈因为女儿的社交问题触发了自己童年时代的社交记忆。那个妈妈之所以担心女儿不够好，其实是因为她自己在童年时期也担心自己不够好。

在前文中提到的那个两岁半女孩的妈妈，之所以看到自己的女儿不和其他小朋友玩，就特别着急，也是因为她自己小时候有不被小团体接纳的经历。

家长在处理孩子的社交问题时，要将自己的情绪和孩子当下面临的社交挑战分开。孩子有自己的社交发展节奏。家长虽然没有办法替代孩子成长，但是有办法不让自己成为孩子成长路上的绊脚石。

★ 男孩和女孩的社交差异

男孩和女孩的大脑在结构上存在一些差异。这些差异直接影响了男孩和女孩的社交发展。

相较于同龄的男孩，女孩的语言表达能力更强一点，心智发育得更成熟，女孩在小学阶段比较容易出现拉帮结派、组建小团体、用语言排挤其他女孩的情况。相较于同龄的女孩，男孩的语言表达能力和情绪处理能力更弱一点，男孩在遇到事情时不太会表达自己，更容易动手，表现出比较强的攻击性。

家长如果了解男孩和女孩发育的不同特点，就更容易帮助自己的孩子。

1. 我儿子踢足球的故事

我儿子在上小学二年级时爱上了踢足球，只要没有特殊情况，他每天都会和小区里的一帮男孩踢足球。

和我儿子一起踢足球的都是小学四五年级的男孩，我儿子不管是从身高、体力、语言表达能力上，还是从踢球的技能上，都是远远比不过其他男孩的。所以我儿子经常会有踢一两个小时都抢不到球的情况，还经常被嘲笑。虽然我儿子每次踢球回来都是满头大汗的，但是他的情绪状态不是很好。

即便如此，我儿子依旧每天兴致勃勃地去踢球。即使同龄的男孩邀请我儿子一起骑自行车，我儿子也不去。总之，我儿子即使踢得不开心，也依然坚持踢足球。

有一阵子，我儿子经常说自己不够自信，没有什么存在感，觉得自己什么都做不好。我意识到：在踢球的这个团体中，我儿子没有找到自己的位置，同时他还因为经常被嘲笑而产生了自我怀疑，丧失了自信心。我和我老公在了解了情况之后，就儿子的问题展开了讨论。

我老公觉得，既然孩子在这个小团体里面待得不舒服，那就换一个小团体。我家附近就有一个足球场，我们可以让孩子去上足球训练课，和同龄的孩子一起踢足球。我儿子却不愿意。

很显然，我儿子希望自己融入我们小区里的"足球小团体"。因此，作为家长的我们，将支持孩子的重点放在接纳孩子的情绪和帮助孩子提高自信心上。

我和我儿子深入探讨了他不自信的原因，并且和他约定每天睡前向彼此表达欣赏之情。我儿子也更加理解了这句话："我是谁，应该由我自己说了算。"

不久之后，我儿子就不再说自己没有自信了。后来，我儿子开始当守门员，逐渐在这个团体里面找到了适合自己的位置。

也许这个小团体只会在我儿子的人生中存在一段时间。我依然相信这段经历对于我儿子的社交发展有非常重要的意义。

家长无法替代孩子去面对社交问题，也无法帮助孩子扫清社交过程中的一切障碍。孩子终究要独立面对社交问题，在社交冲突中提高自己的社交能力。家长能为孩子做的就是倾听和陪伴。

良好的亲子关系，畅通的亲子沟通通道，始终站在孩子身边的家长，这些足以让孩子克服社交过程中遇到的障碍。

2. 8岁女孩丹丹的故事

我再来讲一个有关8岁女孩丹丹的故事。

丹丹的班上有四五个女孩经常在一起玩，她们是班上的社交小明星，穿着打扮都很漂亮，学习成绩也不错。班里的其他女孩都很羡慕这个小团体的女孩们。有一天，这个小团体邀请丹丹加入，但前提是丹丹不能和她的好朋友小云一起玩了。

接到邀请的丹丹很开心，她也希望自己能和这群小女孩一起玩。丹丹认为，这个群体里的女孩们都很棒，她能被邀请，说明她也很棒。

小云是丹丹的好朋友，丹丹也喜欢和小云一起玩。丹丹为此纠结、苦恼了很久，回到家以后，她连作业都不愿意写了。丹丹就和妈妈说了这件事。妈妈并没有催促丹丹去写作业，而是认真地和丹丹聊了聊，倾听了丹丹的想法。

以下是丹丹和妈妈的对话：

妈妈：这件事情让你感到困扰了。那你自己有什么样的想法呢？

丹丹：我本来觉得挺开心的，然而一想到不能和小云做朋友，我就不开心了。小云是我的好朋友啊，我不能为了和其他人一起玩就不理小云了。

妈妈：丹丹，你非常善于观察其他人身上的闪光点，不会轻易被其他人影响。妈妈一直觉得你是一个很有主见的孩子。

得到了妈妈的倾听和肯定，丹丹很开心，一下子感觉轻松了许多，但她还是不知道该怎么做，就问妈妈有什么建议。

妈妈：我也不知道该怎么做，要不我们一起来抽一张能量卡吧。

丹丹抽了一张能量卡，上面写着："换个思路想想看，我就能很好地解决问题。"

后来，丹丹就将跟妈妈一起玩的能量卡片带到了学校，跟小团体的那几个女孩一起玩，当然这其中也有她的好朋友小云。孩子们借助游戏更容易发展社交关系。后来丹丹没有加入这个小团体，只是和这个小团体的女孩们保持了良好的关系。

这个故事的重点在于丹丹跟妈妈之间有良好的亲子关系。当丹丹遇到事情了，有情绪时，妈妈能够耐心地倾听丹丹的苦恼，理解丹丹，丹丹的情绪就有了释放的出口。在面对社交难题时，丹丹就有了灵活的处理方式。

通过这件事，丹丹认识到：在"加入"和"不加入"之间，还有很多种可能性，比如大家一起玩一个好玩的游戏。

即便是关系再好的朋友，也会有不愉快的时候。

小云有一个令其他女孩都羡慕的技能——编花绳。很多女孩想跟小云学习如何编花绳，小云却从来没有教过任何人。

有一天，班里有个名为冰儿的女孩告诉丹丹："我想让小云教我编花绳。"丹丹说："她都没有教过我，怎么可能教给你呢？"因为丹丹认为自己才是小云的好朋友。

可是第二天，丹丹发现，自己的好朋友小云真的教冰儿编花绳了。丹丹为此感到非常伤心，她觉得自己被好朋友小云背叛了，一直无法专心听课，不知道老师讲了些什么。丹丹等放学看到妈妈后，她的情绪一下子就崩溃了，在妈妈怀里号啕大哭。

丹丹妈妈不知道丹丹发生了什么事，很心疼丹丹。回到家后，丹丹一边哭，一边给妈妈讲述了事情的经过。丹丹妈妈听完之后，更加心疼丹丹。

孩子在社交过程中体验到好朋友背叛自己的感觉，也是一种常见的儿童社交现象。友谊的构建有很多的偶然性。友谊并非都是阶段性的。有些友谊会随着时间和环境的变化而发生变化。友谊在孩子的成长过程中起到很重要的作用。丹丹妈妈也知道，路还是要丹丹自己走，她能做的就是倾听和支持丹丹。

丹丹哭了很久，也说了很久，情绪终于慢慢平复下来了。

妈妈问丹丹："你打算怎么做呢？"丹丹说："我也不知道该怎么做，但我还是想和小云做朋友。"

第二天，丹丹来到学校，看到小云时没有说话。丹丹和小云两个人都是心事重重的样子。后来，小云向周围的同学借东西，刚好其他人没有那个东西,而丹丹正好有,就顺手借给了小云,于是她们俩又和好如初了。

这就是 8 岁女孩丹丹的真实故事。

大家可能已经发现了,丹丹妈妈在这个过程中并没有做太多的干预。丹丹妈妈做得最多的是倾听,让丹丹充分释放自己的情绪,并适时地引导一下丹丹。丹丹信任妈妈,可以很好地感受到妈妈对自己的支持。回到真实的社交场景中,丹丹就有能力去处理一些社交难题了。

正如孩子只有在水里才能学会游泳一样,孩子只有在真实的社交生活中才能习得社交技能。

当然,家里有男孩的家长可能会有不一样的感受。有的男孩在遇到矛盾冲突时,容易动手打架,甚至表现出让家长接受不了的攻击性。在遇到社交难题时,大部分男孩很难做到像女孩那样主动跟家长诉说。所以,男孩的妈妈需要给予男孩更多的耐心,并时刻关注男孩的情绪状态。

★ 觉察日记

(1)你的孩子遇到过社交难题吗?第一次听到孩子说他遇到了社交难题,你有什么样的情绪反应呢?

(2)在你小的时候,最困扰你的社交难题是什么呢?你小时候的经历会影响你处理孩子的社交问题吗?

(3)你的孩子是男孩还是女孩呢?你觉得男孩和女孩在社交上存在哪些差异呢?

★ 亲子游戏："爬楼梯"

使用场景：帮助孩子交朋友。

如果孩子缺乏社交技能，不知道该怎样去交朋友，家长就可以通过"爬楼梯"游戏帮助孩子一步一步地突破自己。在这个游戏中，家长扮演好后台支持者的角色。在实际的生活中，孩子需要独立完成交友的过程。

家长可以与孩子一起讨论当下遇到的社交挑战，并通过问问题的方式帮助孩子梳理重点，看看孩子能够做些什么。

鼓励孩子自己思考解决问题的办法。家长可以给孩子提供一两个小建议，但整体上，要以孩子的想法为准。

交朋友的方法：

（1）跟小伙伴分享零食；

（2）把文具借给小伙伴；

（3）和小伙伴一起玩游戏；

（4）问一问小伙伴最近在看什么动画片；

（5）主动帮助小伙伴；

（6）用很酷的姿势跟小伙伴打招呼。

家长在纸上画出多层的楼梯，然后问孩子："对于以上的交友方法，你觉得哪个方法的难度更大呢？这个最低一层的楼梯代表最低的难度，随着楼梯层数的增高，难度也逐渐增加，这个最高的一层楼梯代表最高的难度。如果我让你将以上的交友方法按照难度不同分别放在不同层数的楼梯上，你会怎么放呢？"

家长要完全尊重孩子，不用自己的评判标准要求孩子，将这件事的主导权交给孩子，给孩子多一点的时间，让孩子自己决定先尝试哪个方法。家长可以每天问一下孩子都做了哪些尝试，取得了哪些进展，为孩子的进步喝彩。

这个"爬楼梯"游戏的最终目的是帮助孩子将困难的事情形象化、具体化，把事情分成若干个小步骤，让孩子觉得自己可以达成，从而慢慢地增强孩子的自信心。

值得一提的是，这个方法不仅适用于社交挑战，还适用于学习问题。成功的关键在于家长要跟随孩子的节奏。

第四节
孩子沉迷电子产品，家长怎么办

调查显示，孩子承受的压力越大，越容易依赖电子产品。孩子期待在电子产品的世界中寻求成就感和情感寄托。面对这样的孩子，家长应该怎么办呢？

★ 家长需要正视孩子的压力

一位老师给某个孩子的妈妈打电话说："现在是早上 9 点多了，你家孩子怎么还没有来上学呢？"后来才知道，孩子因为没写完作业，怕被老师批评，就跑到咖啡馆里去写作业了。

近年来，新闻媒体也在不断报道一些孩子因为承受不了学习的压力，状况频出。

事实上，有的家长过分关注孩子的学习成绩，忽略了孩子所承受的学习压力。有的孩子因为学习压力过大，长期处于紧绷的情绪状态。任何一件小事都可能成为压死骆驼的最后一根稻草，导致极端事件的发生。

1. 压力的来源

有人说，我们的压力主要来自四件事，分别是未知的事、意料之外的事、给我们造成威胁的事、让我们失去控制感的事。孩子最常感受到的是学习的压力。有的孩子不仅要完成各科老师布置的作业，还要完成家长布置的作业，这些作业压得孩子喘不过气来。

孩子需要完成各科试卷或作业，背诵单词和古诗，改正错题……孩子稍有落后，就有可能被批评、被指责。孩子即使面对这么多的压力，也没有想搞砸这一切。孩子的某些行为正是孩子在压力状态下做出的反应。

孩子之所以迟迟不开始写作业，很可能是因为他的学习压力太大了。

孩子之所以不想上学，很可能是因为他在学校里遇到了一些压力性事件，他只想逃避。

孩子之所以在面对挑战时有过激的反应，大多是因为他觉得自己无法应对这些挑战。

2. 过大的压力会给孩子的成长带来负面的影响

如果孩子长期处于高压状态，大脑的功能就会弱化，他无法发挥出应有的学习能力。

孩子如果长期得不到充分休息，就可能会有失眠、拖延等行为问题，甚至会发展成焦虑症或抑郁症。据《2023年度中国精神心理健康蓝皮书》所述，高中生抑郁检出率为40%，初中生抑郁检出率为30%，而小学生的抑郁检出率为10%。

更为严重的是，有的家长不仅不理解孩子，不陪伴孩子，不支持孩子，还不停地批评孩子，指责孩子。家长对孩子过高的期待和要求，是孩子的压力来源之一。

当孩子拖拉磨蹭时，有的家长不断地催促和提醒孩子。当孩子写作业时，有的家长又频繁地指出孩子的错误，让孩子必须按照自己的思路重来一遍。当孩子不想上学时，等待孩子的是家长的批评和指责。当孩子有过激的反应时，有的家长会更加严厉地责骂孩子……家长的这些反应只会让孩子的压力倍增，不但无法为孩子提供真正有效的帮助，还会让孩子的压力过大，给孩子的健康成长带来负面的影响。

心理学家发现，人们的学习水平和压力水平的关系呈倒"U"曲线，如下图所示：

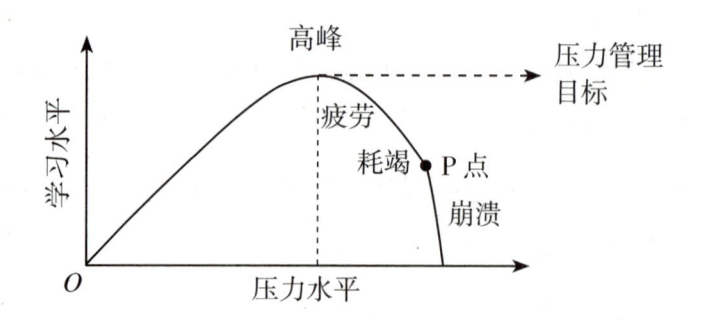

从上图中可以看出：适当的压力可以提高学习水平，而压力过大会降低学习水平。我们很容易理解这一点。一个人如果没有任何压力，就很容易懈怠、无所事事，无法发挥出自己的能力。一个人如果有适当的压力，就会更加专注、投入，不但能发挥出自己的能力，还能激发出更多的潜力。压力并非越大越好。一旦压力超过了一个人的承载能力，他就会无法承受，丧失安全感，内心恐慌，甚至内心崩溃或麻木，学习水平会越来越低。

3. 孩子的成长来自刚刚好的压力

《游戏力》的作者劳伦斯·科恩博士说，成长来自刚刚好的压力。在家长的支持和陪伴下，有的孩子能够直面压力，从压力中恢复过来。家长的职责是既不严苛，也不放纵，让孩子在可控的范围内应对挑战，健康成长。在这个过程中，孩子可以在家长的支持下发展出应对压力的能力，具备较强的抗压能力。

其实，不仅孩子承受着各种压力，家长也承受着各种压力。家长的反应同样是压力状态下的本能反应。家长如果能觉察到自己的压力，放下焦虑，就能给孩子刚刚好的支持。

孩子的成长压力，包括社交压力、竞争压力、时间压力等，很容易被家长忽略。有的孩子如果找不到释放压力的出口，就会选择逃避，沉迷电子产品，在虚拟的世界里寻求慰藉。孩子沉迷电子产品，不仅会危害自身的身体健康，还可能会对自身的心理健康造成不良影响。

★ 孩子沉迷电子产品

1. 孩子沉迷电子产品的原因

家长该如何看待孩子沉迷电子产品这个问题呢？

首先，在信息化时代，我们的孩子不可能完全脱离电子产品。电子产品并非洪水猛兽。家长真正要做的是帮助孩子建立应对压力的机制，引导孩子正确对待电子产品。

其次，孩子沉迷电子产品，有心理和生理两个层面的原因。

在现实的生活中，有的家长只关注孩子的学习、考试成绩、错题等。有的孩子就因此承受着非常大的学业压力，再加上长期得不到家长的积极反馈和肯定，容易陷入强烈的自我否定的状态中。

电子游戏中的升级、加分、声光设计等都是积极的反馈和肯定，因此孩子在玩电子游戏的过程中非常容易提升自我价值感。电子游戏满足了孩子的心理需求，缓解了现实的压力。在电子游戏的世界里，有的孩子找回了被肯定的感觉，不怕失败，甚至愈挫愈勇。

多巴胺在人们的快乐、动机和奖赏机制中扮演着重要的角色。每当我们体验到新奇、刺激或愉悦的事物时，大脑会迅速释放多巴胺，给予人们一种难以抗拒的满足感。电子游戏正是通过不断地刺激孩子们的大脑，促进多巴胺分泌，让孩子们处于兴奋的状态，让孩子们欲罢不能的。当孩子在玩电子游戏时，大脑会分泌大量的多巴胺，让孩子处于一种兴奋的状态。精神亢奋的孩子很难靠自己停下来，他需要家长的帮助。

2. 家长该怎么帮助孩子应对电子产品呢

（1）**持续不断地往孩子的情感银行账户存钱**。史蒂芬·柯维在他的《高效能家庭的7个习惯》中提到，情感银行账户反映了你和他人的关系，就像真正的银行账户一样。好的亲子关系会让孩子感受到安全感和父母的关爱，这样的孩子在承受压力时更容易主动寻求帮助。

为了建立相互信任的亲子关系，增加"存款"，家长可以采取积极的行动，比如舍得为孩子花时间，陪孩子一起玩游戏，陪孩子一起运动。为了减少"取款的金额"，家长可以减少消极的行为，比如停止评判孩子等。

（2）培养孩子的兴趣爱好，帮助孩子去体验坚持的力量。家长可以让孩子学习某种乐器、某个体育项目等。孩子可以在学习的过程中变得更有毅力，并感受到"坚持"带来的成就感。这些成就感能帮助孩子更好地应对压力。家长的深度参与和陪伴，能够促进亲子沟通。

有一个爸爸因为青春期的儿子沉迷网络游戏，多次和儿子沟通无果后，主动加入儿子的游戏战队，开始和儿子一起并肩作战。父子俩在网络游戏中建立的革命友谊延伸到了生活中。现在这个爸爸每天和儿子一起晨跑，一起参加马拉松比赛，儿子也不再终日沉迷网络游戏了。

（3）和孩子一起去冒险和探索，丰富孩子的人生体验。青春期的孩子愿意尝试各种新事物，寻求刺激和冒险，同时也会低估某些行为带来的伤害。

家长的参与可以帮助孩子聚焦于创新的内驱力，不但可以满足孩子的冒险需要，还可以在必要的时候帮助孩子及时踩刹车。等孩子长大成人以后，曾经的冒险经历会让他的人生不是那么无趣，他也不太容易情绪失控。

家长可以让孩子参加具有挑战性的运动项目，也可以让孩子参加具有挑战性的游戏，等等。偶尔一次的冒险体验是孩子终生难忘的回忆。

（4）支持孩子的社交发展，花时间和孩子的朋友相处。随着年龄的增长，孩子的社交需求越来越旺盛。朋友对青春期孩子的感受和决定影响很大。这种影响是积极的还是负面的，取决于孩子的朋友。

有的家长会支持青春期的孩子邀请朋友来家里聚餐，自己则担任服务者的角色，为孩子们准备食物。趁此机会，有的家长会跟孩子的朋友聊天，并在合适的时间退出，把空间留给孩子们。家长也能趁机了解孩子们会在一起说什么、做什么。

家长如果想减少孩子对电子产品的依赖，帮助孩子建立正确的压力应对机制，就要让孩子有更多的选择。家长可以根据孩子的年龄，为孩子安排丰富多彩的活动。如果孩子有了更好玩的事情，有了更多的选择，电子产品就不会成为孩子唯一的压力释放出口。

★ 觉察日记

（1）观察一下：你的孩子通常会在什么情况下使用电子产品呢？

（2）孩子使用电子产品时的状态是什么样的呢？家长使用电子产品时的状态又是什么样的呢？两者之间有什么相同点或不同点吗？

（3）为了减少孩子使用电子产品的时间，作为家长的你可以为孩子安排哪些有意思的活动或亲子游戏呢？

★ 亲子游戏："情绪大棋盘"

使用场景：全家总动员。

可以将情绪海报当作棋盘，每个人轮流拿一个球任意抛掷，球掉到哪个情绪那里，就把这个情绪表演出来，或者描述一下自己曾经有过这个情绪的场景。又或者大家以情绪作为线索，将各自的描述串成一个故事。孩子的年龄不同,这个游戏的玩法也是不同的。

升级版的玩法是,先将飞行棋或五子棋的棋盘手绘下来,然后在每个格子内写上一个情绪的名称。家长和孩子一起制订游戏规则,一起认识情绪、描述情绪。

在玩游戏的过程中,家长可以先给孩子做示范,描述自己的情绪,以及有过这个情绪的场景。家长这样做会让孩子获得安全感。

另外,在孩子描述某个情绪场景的过程中,家长只需要倾听,千万不要对孩子有任何的评论或说教,否则会让孩子没有安全感,影响孩子对家长的信任。

家长可以发起游戏。至于孩子会在游戏中收获什么,家长需要放下自己的预期,不干涉自己的孩子。

第五节
在多子女家庭中，家长如何让孩子们和平相处

★ 通过游戏，让竞争变成合作

当家里新增一个小宝宝时，大一点的孩子会出现行为倒退的现象，比如突然不会自己穿衣服了，非要妈妈喂饭，尿床，变得特别黏人。有些家长会批评、指责大一点的孩子："你都当哥哥/姐姐了，怎么还这么不懂事呢？！"家长的批评、指责只会强化孩子的倒退行为。

随着年龄的增长，孩子们之间总是争吵不断，一会儿争玩具，一会儿打架，互相告状。当孩子们之间发生冲突时，有些家长的第一反应往往是当孩子们的"判官"，试图分出是非对错。家长这样做不但无法解决问题，还会激化孩子们之间的矛盾。

大一点的孩子之所以会出现行为倒退的现象，可能是因为他想确认："爸爸妈妈还爱我吗？"因为随着弟弟妹妹的到来，大一点的孩

子敏锐地觉察到了家里的变化:"爸爸妈妈不再像以前那样关心我了,我不能大声说话,不能在床上蹦跳,不能在妈妈怀里撒娇了……"大一点的孩子认为,造成这一切的原因是那个新来的小家伙抢走了原本属于他的父爱、母爱。于是大一点的孩子想通过行为倒退的方式来吸引父母的注意力,甚至会做出伤害弟弟妹妹的行为。

大一点的孩子也会在父母处理手足纷争时确认:"是不是父母更偏爱我一点儿?"有的孩子甚至会问自己的父母:"你们是更爱我多一点儿,还是更爱小宝多一点儿?"

有时,孩子们争抢的不是玩具,而是父母的偏爱和关注。大一点的孩子如果得到的父母之爱是充足的,自然就不会和弟弟妹妹争宠。

有的父母觉得自己并没有区别对待某个孩子,但对孩子来说,他需要的是父母专属的爱。父母可以为每个孩子安排一对一的专属陪伴时光,陪孩子们一起做他们喜欢的事情,让孩子们充满爱的能量,减少孩子们之间的冲突。

那么家长具体该怎么做呢?

1. 家长需要"做太阳,不做判官"

在孩子们爆发冲突时,家长需要谨慎介入。如果孩子们可以自己解决问题,家长就不要介入孩子们之间的争端。孩子们只有在真实的冲突中才能习得解决问题的能力,这是他们成长的一部分。

有的家长之所以会在第一时间插手孩子们之间的冲突,想替孩子们解决问题,或者像"判官"一样试图分清楚是非对错,仅仅是因为自己无法忍受孩子们之间的冲突。这类家长忽略了冲突本身的价值。孩子们能够借助冲突学习如何有效地处理纷争。

家长处理手足冲突的一个基本原则就是在确保孩子们安全的前提下后退一步，观察冲突的进展。家长如果确实需要介入手足冲突，就要"做太阳，不做判官"。

2. 家长通过游戏化解手足冲突

科恩博士在《游戏力》一书中介绍了以下两个游戏：

游戏一：实况播报，通过游戏化解冲突。这个游戏的目的是客观地反映全局，帮助孩子们看到事情的全貌，让孩子们在考虑自己立场的同时，也能看到他人的视角。家长可以通过提问的方式来帮助孩子们换位思考。

具体方法可以参考网球比赛的现场解说。家长的关注点在冲突双方之间移动（比如两兄弟正在争吵），并客观地播报出来：

妈妈："发生什么事了？"

弟弟："哥哥踩了我的乐高。"

妈妈："天哪，那可不得了了！"

妈妈将脸转向哥哥，开始播报："弟弟说你踩了他的乐高。"

哥哥："弟弟拿走了我的乐高零件，我的乐高就因此搭不起来了。"

妈妈将脸转向弟弟，继续播报："哥哥说你拿走了他的零件，他的乐高就因此搭不起来了。"

弟弟："那哥哥也不能把我搭好的乐高踩了呀！那是我好不容易搭起来的。"

妈妈再次将脸转向哥哥,继续播报:"弟弟说你不应该把他的乐高踩了,那是他好不容易搭起来的。"

妈妈可以在播报时用轻松幽默的语调。孩子们觉得妈妈的播报很搞笑,都哈哈大笑起来。妈妈通过"实况播报"的游戏平息了孩子们之间的冲突。

等兄弟俩的情绪都平静下来之后,妈妈可以提问孩子们,帮助孩子们学会换位思考,用更加有效的方法解决问题。

妈妈问哥哥:"你踩坏了弟弟搭的乐高,你的零件拿回来了吗?"

哥哥:"没有。"

妈妈:"那你踩坏了弟弟搭的乐高,弟弟知道你想做什么吗?"

哥哥:"好像不知道。"

妈妈:"你能通过其他方法告诉弟弟你的想法吗?"

哥哥:"如果我直接和弟弟要乐高零件,他不给我,怎么办?"

妈妈:"那你有没有想过,你要走弟弟的这个零件后,弟弟的乐高作品就不完整了?你有没有替代方案呢?"

哥哥(拿起另外一个零件):"其实弟弟用这个零件也不影响他搭建的效果。我如果没有那个零件,就完全没办法搭建。"

妈妈:"那你可以将你的想法告诉弟弟吗?"

哥哥："当然可以。"

家长通过适当的引导，让孩子学会换位思考，让孩子主动寻求解决问题的方案。如果家长试图当"判官"，分出是非对错，那不会给孩子带来真正的成长。

游戏二："引火上身。" 家长除了通过游戏化解冲突以外，还可以通过游戏将竞争转为合作。只要家中有两个以上的孩子，孩子们之间就会有冲突。家长可以通过"引火上身"这个游戏，让自己变成箭靶，将孩子们从冲突中解脱出来。

如果两个孩子正在争抢玩具，妈妈就可以一边拿起玩具假装跑走，一边夸张地说："你们俩肯定都抢不过我，就算你们俩合起伙来也抢不到这个玩具。"

如果两个孩子正在打架，妈妈就可以说："你们俩肯定都打不到我。"然后妈妈想办法吸引两个孩子的注意力，假装跑出房间，假装自己非常害怕。

如果两个孩子抱怨不公平，妈妈就可以假装愁眉苦脸地说："我一次都没轮上，这才是不公平呢！"

3. 家长为孩子们搭建好沟通的桥梁，避免孩子们争吵

当然，有些游戏并不总是有效的。家长的加入是为了将孩子从冲突中引到游戏中。家长要在日常生活中为孩子们搭建好沟通的桥梁，避免孩子们争吵。

孩子们之间的争吵通常是为了确认："爸爸妈妈爱我吗？无论我如何做，爸爸妈妈都会爱我吗？我被需要吗？我是特别的吗？我真的

重要吗？有了弟弟妹妹之后，爸爸妈妈还爱我吗？"家长要做的事情就是用自己的行动和语言，不断地告诉孩子这些问题的肯定答案。

4. 给每个孩子一对一的专属陪伴时间

每周，家长和每个孩子都有单独相处的时间。在这段专属时间内，孩子做自己喜欢做的事情，家长给孩子一对一的高质量陪伴。孩子如果得到足够的爱，就不需要通过争抢来反复确认父母对自己的爱了。

5. 创造合作机会，让孩子们学会合作，而非争斗

可以让孩子们一起为家人制作生日礼物，一起为家人准备一顿丰盛的晚餐，一起制订旅行计划，一起组队玩游戏……孩子如果有和兄弟姐妹合作完成某件事的成功经验，就容易将兄弟姐妹视为合作伙伴，而非竞争对手。

★ 放下比较和公平，让孩子成为他自己

在多子女家庭中，家长要关注两个关键词：比较和公平。

有的家长经常不自觉地拿两个孩子做比较，会说类似这样的话：

"你什么时候才能像哥哥那样早早地就把作业写完了呢？"

"你总是磨磨蹭蹭的，我和你姐姐都等你5分钟了。"

"你的运动能力要是能像哥哥那样强就好了。"

家长希望这些语言能够刺激孩子，让孩子变得更好。家长的出发点是好的，但结果往往是事与愿违。家长比较孩子们的后果是其中一个孩子丧失了自信，并逐步形成负向的自我认同，坚信自己确实是一

个动作慢、运动能力差的孩子,什么都比不上哥哥姐姐,陷入自证预言的陷阱。

有一对兄弟,他们俩的年龄相差一岁半,都对围棋产生了浓厚的兴趣,都上围棋课外班,兄弟俩经常在家里切磋棋艺。妈妈觉得弟弟的棋艺水平已经快赶上哥哥的了,为了让弟弟进步得更快,就让弟弟插班到了哥哥所在的围棋课外班。

结果是哥哥所在班的其他人比弟弟的棋艺水平高出了很多,弟弟产生了强烈的自卑情绪,自我怀疑,慢慢地排斥上围棋课,最终拒绝上围棋课,放弃了学围棋。

有时,家长会忍不住对其中一个孩子大加赞赏,却忽略了这种赞赏对另外一个孩子来说意味着什么。另外一个孩子可能会自动翻译家长的话:"哥哥很优秀"就意味着"我很差劲","姐姐很漂亮"就意味着"我很难看"。这种错误的认知很容易让孩子有一些极端的行为,比如下面的这个故事:

> 妹妹的头发又黄又稀少,姐姐却有一头乌黑亮丽的长发。爸爸经常毫不掩饰地夸赞姐姐的头发好,姐姐像一个漂亮的公主。于是有一天晚上,妹妹趁姐姐睡着后,就把姐姐的头发全部剪掉了。

所以,家长应该尽量避免在孩子们面前表现出对某个孩子的偏爱。家长即使真的偏爱某个孩子,也要努力发现其他孩子的优点,并且夸赞其他孩子。家长要让孩子们知道,每个人都有自己的闪光点,都是独一无二的。

为了避免将孩子们做比较，家长可以参考以下建议：

1. 时刻保持敏感性，将比较式的语言变成描述式语言

在日常生活中，家长只需要描述自己观察到的这个孩子的表现，表达自己对这个孩子的期待，不要去评价其他的孩子。在适当的时候，家长要允许孩子自己做选择。家长可以这样对孩子说：

"现在已经是晚上8点了，你还没有开始写作业，我有点着急。"

"我希望你在晚上9：00之前上床睡觉。你还想在睡前读一会儿书。那么你是准备3分钟后开始写作业，还是5分钟后开始写作业呢？"

2. 观察每个孩子的闪光点，给每个孩子特别的关爱

家长如果能看到孩子的优点，就可以让孩子感受到他自己是特别的存在。这样的孩子更有自信心，更能客观地看待自己、接纳自己，更能正确地看待他人的优秀："他挺好，我也不错。"

家长也可以这样对孩子说：

"哥哥这次的数学成绩不错，弟弟这次的英语成绩进步很大，你们俩的努力都有了回报。"

"哥哥很擅长运动，妹妹将自己的房间整理得很整齐。"

3. 安排专属的亲子时光，对每个孩子表达特别的、专属的爱和欣赏

家长一定要创造和每个孩子单独相处的机会，陪每个孩子做他自己想做的事情。当家长单独和一个孩子待在一起时，家长可以毫不掩饰地表达自己对这个孩子的关爱和赞赏。孩子要的就是这份特别的、

专属的、独一无二的爱。

有一位妈妈特意安排了"姐姐日"和"弟弟日"。在"姐姐日"时，妈妈会和姐姐一起看书，和姐姐一起选购发夹和漂亮的花裙子，等等。在"弟弟日"时，妈妈会陪弟弟一起去游乐场，玩枪战游戏，买弟弟喜欢的乐高玩具，等等。

有的妈妈认为，单独陪了姐姐，就一定要单独陪弟弟。有的妈妈在陪姐姐的时候，还惦记着弟弟。这些妈妈总想公平地对待每个孩子，总想做到一碗水端平。孩子也会因此十分在意妈妈是否做到了公平。

4. 家长看见和满足孩子的真实需求

我们有时会看到身穿同款衣服和鞋子的两个孩子，但两个孩子的喜好真的是一模一样的吗？这是不是家长为了追求公平而替孩子们做出的选择呢？姐姐的拖鞋坏了，弟弟的拖鞋并没有坏，家长一定要给姐弟俩各买一双新拖鞋吗？

有时，孩子对公平的过分在意是家长总想一碗水端平带来的后果。家长为了所谓的公平，忽略了孩子的真实需求，引发了孩子们之间的竞争。

试着思考一下：当孩子抱怨父母不公平时，孩子的真实需求是什么呢？

在给孩子们买新衣服时，妈妈可以这样告诉孩子们："你们各自挑选自己喜欢的款式。"

妈妈可以这样对弟弟说："姐姐的拖鞋坏了，我给她买了一双新的。你如果有什么需要的东西，就告诉我。"

如果孩子说"妈妈，你今天陪姐姐的时间更多"，那么妈妈就可以这样对孩子说"你是不是希望和妈妈多待一会儿啊？"。

在真实的生活中，孩子会因为父母的比较而产生负面情绪，或者因为感觉父母不公平而产生失落的情绪。家长要共情和理解孩子的感受，允许孩子有这些感受，并支持孩子将这些感受表达出来或释放出来。

有的孩子会在玩游戏时表达自己的情绪，比如总是被忽略的大宝可能会在游戏中表达自己对弟弟妹妹的不满，他会用某个玩偶代表弟弟妹妹，故意冷落这个玩偶，甚至会打骂这个玩偶。这时家长要敏感地觉察到大宝正在游戏中释放自己的情绪。

★ 觉察日记

（1）孩子们之间是合作的关系，还是竞争的关系？你的哪些行为影响了孩子们之间的关系？

（2）你是否偏爱某个孩子呢？你会在什么时候表现出这种偏爱呢？你是否在不经意之间对某个孩子造成了伤害？

（3）你需要花十分钟的时间，不动声色地观察孩子们之间的游戏。你有什么发现吗？

★ 亲子游戏："亲吻口香糖"

使用场景：当孩子有不良情绪的时候。

有一位妈妈分享了这样一个游戏：

早上二宝醒了之后，妈妈就跟二宝进行了眼神交流，并亲吻了一下二宝。大宝看见以后，眼中流露出羡慕的目光，但没有用语言表达出来。

然后妈妈就对大宝说："大宝过来，妈妈亲一下。"大宝犹豫了一下，露出不屑的表情，但还是凑到妈妈身边来。妈妈亲了大宝一口，然后夸张地说："哎呀，怎么回事啊？我的嘴巴怎么被粘住了？这个吻是口香糖吗？怎么亲上去就拔不下来了？"妈妈假装用力地拔呀拔，终于拔下来了，可是"啪"的一声，又亲到了大宝的额头上。妈妈继续用力往下拔。大宝笑得咯咯的，情绪一下子就高涨了。

孩子真的很单纯，也很简单，他需要的仅仅是家长多一点的关注，多一点的理解。

在多子女家庭当中，一些家长经常想将一碗水端平，希望公平地对待每一个孩子。在孩子们发生冲突时，有的家长会无意识地当起了裁判，试图解决孩子们之间的冲突；有的家长会苛责自己哪里做得不够好。其实家长充当裁判并不会让孩子们变得更合作，有时反而会让自己陷入孩子们之间的纷争当中。

孩子们之间之所以产生争端，大多是因为争抢父母的爱和关注。父母可以用游戏的方式满足孩子们的需要，让孩子们确信自己是被爱的。被满满的爱包裹的孩子，更容易跟兄弟姐妹合作。

03
第三部分

有效设限，有边界的孩子更自律

对孩子来说，清晰的界限能带来安全感。当这个界限不够清晰的时候，孩子会用各种方法来探索和确定这个界限。家长该如何在界限和自由之间找到一个合适的平衡点呢？寻找的过程是家长内在价值观和外在边界不断磨合的过程。是让孩子听话照做，还是让孩子发展各项能力呢？如果一个孩子在童年时期没有清晰的边界感，长大之后会有很多问题，例如：

缺乏规则意识，我行我素。
无法控制自己的破坏性冲动。
无法接受他人说"不"，无法尊重他人的界限。
受不了诱惑，无法延迟满足。
无法兑现承诺，很容易放弃，说到做不到。
无法面对冲突，更无法有效解决冲突。
很容易被操控。
无法拒绝他人，认为拒绝他人就是关系的终结。

孩子并非天生具有边界感。孩子边界感的培养需要家长的参与和引导。

边界感的内化是从他律到自律的过程。家长需要为孩子设立清晰的界限和规则，并且用正确的方法帮助孩子不断练习，孩子才能逐渐学会对自己负责。

无法守住界限的家长认为，只要自己拒绝孩子，就等于自己不爱孩子。事实上，这是一个错误的执念。爱和边界并不冲突。清晰的边界能给孩子带来更多的安全感。有边界的自由才能帮助孩子发展出健康的边界感。

有的家长只想让孩子听话照做。教育要以终为始，不仅关心孩子的现在，还要面向孩子的未来。家长需要帮助孩子做好准备。从这个角度来讲，任何一个问题情境都是孩子提升能力的机会。

有的家长会对孩子这样说：

如果你再这样，我就不理你了。

只要你不哭了，我就给你买。你越哭，我越不给你买。

你要听话，好好吃饭。如果你将这些全部吃完了，我就奖励你看动画片。

好好反省一下你到底做错了什么。

你没看见我在忙吗？你就不能自己待一会儿吗？

你别嬉皮笑脸的。我都跟你说了不能动手，你没听懂吗？！

为了让孩子遵守规则，家长绞尽脑汁，尝试各种办法。可有的孩子就像没听到一样，完全无视规则，原来怎么样，还是怎么样。

如果家长采用批评指责、冷处理、奖励或者惩罚的方式让孩子遵守规则，孩子的内心感受是怎样的呢？

批评指责只会让孩子认为："是我不好，我不该表达自己的需求，我不该有自己的想法。"这种认知会极大地降低孩子的自我价值感，毁掉孩子的自信心。

有的家长存在这样的误区："我只有让孩子感觉到他自己很差劲，他才能奋起直追，表现得更好。"事实上，孩子只有感觉好，才能做得更好。

如果孩子出现一些不可接受的行为，比如不能兑现承诺，不能坚持上兴趣班，行为叛逆，缺乏自控力，等等，那么孩子需要的是家长的理解、接纳和引导，需要的是表达自己想法的机会。

家长对孩子采取冷处理的方式或者让孩子自己反省，只会让孩子觉得自己被抛弃了，被忽视了。当孩子被要求独自一人"反省"时，他想的大多不是家长期待的。有的孩子不会想"我哪里做错了？我该怎样做才能表现得更好一点呢？"，而是反复思考"我是不是很差劲？"或者"妈妈到底爱不爱我？"。有的孩子甚至会有自我攻击的行为或者产生报复心理。

有的孩子可能会因为害怕妈妈批评而做出承诺："妈妈，我再也不敢了，我保证以后不会再犯类似错误了。"可实际上，有的孩子并没有提高自我控制的能力，甚至并没有领会这个规则或者这个界限背后的意义，他只是因为恐惧或者为了讨妈妈的欢心而做出了保证，下次依然做不到。

惩罚和奖励是为了让孩子听话和服从，但往往也会让孩子失去判断力。孩子真正需要的是分析问题、判断对错的能力，是在面对复杂问题时依然能做出合理选择的能力。

比起奖励和惩罚，孩子更需要的是家长的引导。家长需要教会孩子有效梳理信息，做出理性的选择和正确的反应。

家长要和孩子在同一个频道上，要有意识地和孩子建立联结，倾听孩子的情绪和感受，允许孩子表达他自己的想法。久而久之，孩子才能提高自己的判断力。

在遇到问题时，家长可以召开家庭会议。孩子挑战家长的行为背后大多是亲子联结的断裂。全家人如果能围坐在一起商讨一件事，就能缓解紧张的气氛，重新建立亲子联结，也能为接下来的亲子沟通奠定良好的基础。

在家庭会议上，家长和孩子都有机会表达自己的观点，不只是为了解决孩子的问题，也不是家长单方面的输出，而是让每个家庭成员都有表达自己观点的机会，碰撞出思想的火花。

家长用家庭会议的方式代替批评、指责的方式，既有助于亲子联结，增强孩子的安全感和力量感，又能有效地帮助孩子树立规则意识。

除此之外，家长还需要站在孩子的角度去理解孩子不良行为背后的感受和需求。孩子有不良行为，通常是孩子向家长发出的求救信号。家长如果只纠正孩子的不良行为，忽略孩子的内心感受，就容易导致亲子对抗，破坏亲子关系。

家长如果想要纠正孩子的不良行为，就需要看见和满足孩子的需求。

我儿子刚上幼儿园时，突然特别喜欢动手打人，具体的表现有：

> 当其他小朋友抢我儿子的玩具时，以前我儿子会不知所措地大哭，现在我儿子会把玩具抢回来，甚至会去推对方，或者直接把对方摔倒。
>
> 在家里，我儿子会对我和我老公莫名其妙地动手。有时我们一家人正玩得开心时，我儿子就会打我一巴掌，都把我打疼了。
>
> 老师告诉我："你儿子在幼儿园和老师一起玩游戏时，也会用很大的力气拍打老师，都把老师打疼了。你儿子暂时

还没出现和其他小朋友动手的情况。"

为什么我儿子会出现打人的情况呢？我和我的家人从来没有打过孩子，这就排除了行为模仿的因素。我儿子打人的行为需要被限制。在这个行为背后，我儿子在向我传递什么信息呢？我向我的老师科恩博士提出了自己的疑问。科恩博士对我说：

> 钟摆在找到中心点之前总是摆来摆去的。对于孩子而言，他从玩具被抢无助大哭这边，摆到了过度用力保护玩具那边，甚至动手了，这太正常了。我们不希望孩子总像一个受害者一样无助。
>
> 一边是友善、分享，一边是自我主张，孩子需要经过学习才能做到恰到好处。
>
> 孩子通常需要很长时间才能找到中心点。有些家长却总想通过说教让孩子快速找到这个中心点。
>
> 你只需要轻轻地告诉你儿子："亲爱的儿子，我有一个小小的提醒——你不可以和他人动手啊！你需要做到不动手就可以守护好自己的东西。"

很庆幸我没有因为打人这件事而指责我儿子，而是设立清晰的界限，让我儿子通过练习来控制自己的冲动行为。很快，我儿子打人的行为就减少了。

当家长因为孩子的某个问题行为而焦虑时，孩子也会因此感受到压力。家长和孩子可以通过游戏释放这些不良情绪。

有一天，当我和我儿子正在玩游戏时，他又一次情绪失控地打了我，而且打得非常疼。我因为实在感觉太疼了，就下意识地举起了自己的手，想要打回去。当我将要打到我儿子时，我觉察到了自己的愤怒，控制住了自己的行为，继续和我儿子一起玩游戏。

我假装疑惑地看着自己的手说："哎，这是怎么回事呢？怎么打不到他呢？我就不信我打不到他，我再试试……咦，我怎么还是打不到他呢？"

我儿子听到我这样说，瞬间缓解了自己紧张的情绪，配合我玩起了游戏，开始故意躲闪，让我打不到他。我们就这样玩了十几分钟，我和我儿子都感觉十分放松。

借助游戏，我和我儿子一起缓解了紧张的氛围，释放了不良情绪，增进了彼此的联结。

事后，我平静地告诉我儿子："刚才你打妈妈那一下，真的好疼啊！妈妈都忍不住要还手打你了。下次你一定要轻轻地摸我，就像这样轻轻地摸我。"我儿子吹了吹他刚才打我的地方，对我说："我知道了，妈妈。"

当孩子希望得到关注时，他真的需要关注。孩子做错了事，也许他并不是故意的，只是因为他还没有学会如何控制自己的情绪和行为。想要发展出自我控制的能力，孩子需要的是亲子联结和轻松的家庭氛围，需要的是家长的支持和陪伴。

第一节
建立规则意识，爱和边界都很重要

★ 家长该如何培养孩子的边界感呢

一个男孩因为在学校里频繁动手打人，屡次被叫家长。

经过了解，这个男孩之所以动手打别的孩子，大多是因为别的孩子朝他吐口水，在他的书上乱写乱画，等等。这个男孩多次口头阻止别的孩子，都无效，于是他就动手打了别的孩子。

这个男孩的妈妈为此感到非常苦恼，特别希望男孩改掉动手打人的毛病，多次让男孩写保证书。这个男孩每次都答应得好好的，但下次依然控制不住自己。这是一个非常典型的有关边界感的案例。

妈妈希望限制孩子打人的这个行为，这是一个层面的边界。孩子打人的原因是自身的边界受到了侵犯，这是另一个层面的边界。家长如果只是从行为层面纠正孩子，就很难让孩子做到真正的改变。对孩子来说，打人这个行为正是他解决自己边界被侵犯问题的措施。

那么家长应该做些什么呢？在发展孩子的边界感这件事情上，家长有三重责任。

1. 家长的第一重责任

家长的第一重责任是给孩子安全感。这个安全感包含身体安全感、心理安全感、环境安全感等。家长最初的角色是孩子的照护者。确保孩子安全、健康长大是家长的责任。家长通过设限保护孩子的安全，并逐渐退出，让孩子将这些限制内化，最终让孩子学会照顾他自己。

孩子的心理安全感来自被允许和被接纳，但它容易被忽略。

在孩子小的时候，家长不要让孩子遵守太多的规则，不要过分限制孩子，让孩子想哭就哭，想笑就笑，想闹就闹，让孩子的情绪自如流淌。即使孩子犯错了，遭遇失败了，家长也要接纳孩子，这样的孩子容易拥有进可攻、退可守的勇气和底气。

有的家长担心，如果不趁孩子小的时候好好管教孩子，等孩子长大之后再管教孩子，就很难了。事实是，小时候被充分允许的孩子，长大后更容易守住自己的边界，更容易尊重他人的边界，敢于尝试和挑战新事物，不惧怕失败。一个人如果小时候被压抑或被限制，被批评或被指责，长大后就容易陷入内耗，遇事容易畏首畏尾，要么攻击他人，要么压抑自己。

2. 家长的第二重责任

家长的第二重责任是为孩子提供学习和练习规则的环境。给孩子安全感并不意味着不能有界限。从某种程度上来讲，界限对孩子来说是另外一种形式的安全感。

针对以下三种情况——拒绝孩子的某个请求或愿望（如买玩具、养宠物等），限制孩子的某个不良行为（如打人、骂人等），对孩子提出期待和要求（如让孩子按时写作业、睡前刷牙等），家长需要设置清晰的界限和规则。

孩子不仅需要清晰的界限，还需要在家长的支持和陪伴下不断重复练习。从"知道"到"做到"，再到规则的内化，这是一个长期的过程，并非一蹴而就。有的家长总期待孩子一下子就遵守规则了。

我们再来看看那个动手打人的男孩。

一方面，家长要看到孩子的边界被侵犯的事实，并且肯定孩子尝试捍卫自己边界的决心。家长的肯定会让孩子有充足的安全感和力量感。再遇到类似的事情时，孩子便不会质疑自己，有捍卫自己边界的决心和勇气。

另一方面，家长还可以和孩子探讨一下："除了打人以外，我们还可以用什么方式来守护自己的边界呢？"家长可以和孩子一起想各种方式。家长不必在意这些方式是否可行。家长陪孩子一起思考的过程就是对孩子的一种支持。孩子会从中领悟到：在处理问题时，不是只有一种解决方案。

如果孩子只在单一场景中出现"打人"这个行为，那么行为的限制不应该是家长关注的重点。一旦诱因消除，孩子"打人"的这个行为自然就会消失。家长关注的重点应该是鼓励孩子用合理的方式守护自己的边界。

孩子需要不断练习控制自己的行为。家长需要关注孩子的行为，在孩子将要动手时，帮助孩子停下来。家长还可以通过游戏的方式帮助孩子控制自己的行为。

3. 家长的第三重责任

家长的第三重责任是以身作则，成为孩子的榜样。比起家长怎么说，更重要的是家长怎么做。孩子会观察和模仿家长的言行。家长的为人处世之道更容易内化成孩子的价值观，成为孩子的做事准则。

《为孩子立界线》一书的作者说，榜样不只是在你扮演家长角色时才需要表现出来的，榜样是随时存在的，会出现在你被孩子看到或听到的任何时刻。

有的家长给孩子定了很多规则，比如不能在别人说话时插嘴，玩手机的时间不能超过30分钟，每天坚持阅读，晚上9点之前上床睡觉，等等。有的家长总是缺乏听孩子讲话的耐心，在孩子看书、写作业时玩手机，一边催促孩子赶快上床睡觉，一边自己看电视。如果家长不能以身作则，孩子就很难自觉地遵守规则。

★ 在给孩子设立界限时，家长会遇到哪些问题呢

我收集了以下常见的问题：

什么时候需要给孩子设限呢？什么时候不需要给孩子设限呢？

家长拒绝了孩子，孩子会因此产生匮乏感吗？

孩子说话不算数，怎么办？

同样一件事，家长说了很多次，孩子就是不听，怎么办？

给孩子设限之后，孩子总是哭个没完，怎么办？

给孩子设限之后，家长很难坚持下去，怎么办？

家里人对设限的标准不一样，会不会让孩子感到混乱呢？

孩子在亲戚朋友家也要遵守规则吗？

家长不仅会遇到与设限有关的问题，还会遇到其他方面的问题。这些问题增加了设限的难度。

即使面对同一个设限的场景，不同的家长也会遇到不同的问题。现在，请你回顾一个设限有困难的养育场景，比如孩子想吃零食，想玩电子产品，等等。

问题一：在某个场景中，你觉得有必要给孩子设限吗

关于设限的必要性，我觉得可以从以下三个方面展开讨论。

只要涉及安全隐患，就需要坚定设限。如果孩子要做一些可能会伤害自己、伤害他人或伤害环境的行为，家长就需要给孩子设限，确保孩子的安全。

有一些行为是孩子在特定阶段的正常行为，比如几个月大的孩子吃手属于正常行为。此时家长需要确保孩子的手是干净的，也可以为孩子提供干净的磨牙棒，而非仅仅限制孩子吃手的行为。

哪些情况需要设限取决于家长的认知。有的家长完全禁止孩子吃垃圾食品，有的家长则允许孩子吃少量的垃圾食品。有的家长会替上小学的孩子背书包，有的家长则要求孩子自己背书包。哪些情况需要设限，没有统一的标准答案，这取决于家长自己的认知。

有的家长会因为其他家长的做法而产生自我怀疑，这其实是由不清晰的养育理念导致的。虽然养育理念没有统一的标准，但是它会在潜意识里影响家长的行为。

在线下家长工作坊中，我会引导家长们觉察自己的"设限价值观"。在这个过程中，我发现：针对同一个问题，不同的家长设限的标准也是不同的。

在动画片中，小猪佩琦最喜欢做的事情就是跳泥坑。在现实的生活中，有的孩子会模仿小猪佩奇，看见水坑就想跳一跳。对于孩子跳水坑这件事，家长们的感受是不同的。

有的家长觉得孩子跳水坑不卫生，会第一时间冲出来制止孩子。有的家长则认为，跳水坑是孩子难得的童年趣事，甚至会鼓励孩子跳水坑。从跳水坑这个问题来看，设限并没有统一的标准。

家长觉察自己的"设限价值观"，有两个重要的意义：

首先，通过自我觉察，家长可以发现自己的错误执念。家长如果觉察到了自己的错误执念，就有机会改正。

其次，通过自我觉察，家长可以发现每个人的认知是不同的。在遇到设限不一致的情况时，家长能心平气和地坐下来听一听他人的看法，尝试寻找一种折中的方式。

问题二：你能做到平静地给孩子设限吗？设限是你自己的情绪化反应，还是基于当下的现实情境做出的决定

我们一起来想象以下的场景：

> 有一天你升职加薪了，心情愉悦地回到家，看到孩子把

玩具撒了一地，你会怎么做呢？

相反，如果有一天你辛苦做的方案被领导否定了，还听到其他同事说你在公司的裁员名单上。这时你拖着疲惫的身体回到家，看到孩子把玩具撒了一地，你又会怎么做呢？

显然，当你处于不同的情绪状态时，你对孩子的行为接纳度是不同的。

不可否认的是，有的家长之所以对孩子设限，仅仅是因为他自己的情绪化反应。当家长自己的情绪无处发泄，孩子又正好撞在枪口上时，孩子就成了家长的发泄对象。

家长要管理好自己的情绪，不能把孩子当作自己情绪发泄的出口。

问题三：你是否清晰地向孩子介绍过这个界限呢？你能始终坚持此界限吗

有时你给孩子设限，对孩子无效，可能是因为孩子不了解这个界限，也可能是因为你对此界限并不坚定，孩子感受到了你的犹豫，自然不会遵守界限。清晰的界限能给孩子带来安全感。如果这个界限不清晰，孩子就会反复试探。

看一看以下这个场景：

孩子想要一辆玩具小汽车，但是家里已经有很多辆类似的玩具小汽车了。你会怎么做呢？

你可能会对孩子说："你今天不能买了，你已经有很多辆玩具小汽车了，这个月你已经买 3 辆玩具小汽车了。今天出门之前你是怎么答应我的？你说你今天不买玩具。你怎么能说话不算数呢？以后我还怎么相信你呢？"

其实你的想法是："我到底要不要拒绝孩子呢？毕竟这辆小汽车的价钱又不贵。我小时候没有这么多的玩具。孩子喜欢这辆玩具小汽车，这是很正常的行为。如果我拒绝孩子，会不会让孩子有匮乏感呢？如果孩子要什么，我就给孩子买什么，会不会惯坏他呢？"

很多家长害怕对孩子说"不"，一方面担心拒绝孩子可能会让孩子有匮乏感，另一方面又担心总是满足孩子会把孩子惯坏了。

在这里家长要分清楚的是"想要"和"需要"。对于孩子真正需要的东西，家长要满足孩子。对于孩子"想要"又不是真正"需要"的东西，家长需要斟酌一下。

孩子"想要"的这个想法是应该被尊重的，但并非所有的"想要"都应该被满足。那么家长该如何确定自己是否应该满足孩子的"想要"呢？

首先，家长要看自己是否有能力满足孩子。如果孩子提出了超出家长能力的需求，家长就可以直接拒绝孩子。家长如果过度满足孩子，甚至超出了自己的能力范围，就会感觉很辛苦，这个辛苦很可能会转化成对孩子的过高期待和要求。同时，孩子收到的信息是"家长自己的需求不重要"，他会越来越不尊重家长。

家长之所以毫无原则地满足孩子，可能是因为爱面子，也可能是因为不想让孩子失去面子。无论是哪种原因，家长无条件满足孩子都是一种低价值感的表现。一时的满足可能会带来严重的后果。

其次，家长要看自己是否愿意满足孩子的需求。如果孩子提出的需求不符合家长的价值观，家长就可以直接拒绝孩子。有的家长之所以无法拒绝孩子，可能是因为自己的价值观不清晰，也可能是因为受到了其他人的影响。

家长要有意识地培养孩子延迟满足的能力。现在的孩子生活在一个快节奏的环境中，太容易获得即时满足。家庭经济条件的优渥也会让孩子更容易获取自己想要的东西。有的孩子从来不会等待，无法发展出延迟满足的能力。

延迟满足是一项非常重要的自律能力。这种能力能够让孩子抵御眼前的诱惑，为了更有价值的长远结果而选择暂时放弃即时的满足。想要培养孩子的延迟满足能力，家长需要有足够的耐心，并做好孩子的榜样。

问题四：你是否期待孩子能立刻记住你说的界限并严格遵守呢

有的家长这样说："我都和孩子说好了，孩子也答应我了，孩子就应该马上做到啊！"在现实生活中，有的孩子就是做不到。想要遵守规则，孩子就需要控制自己的内在冲动。有时候孩子单靠自己很难做到。孩子需要家长的支持，从"做不到"到"做到"，再逐步内化成内在的边界感，这是一个从他律到自律的过程。

拥有良好规则意识的孩子，自控能力更强，更容易管理自己的行为和身体，主动做出更优的选择或决定。

国际著名脑科学专家、心理学家丹尼尔·西格尔在他的《去情绪化管教》一书中提到，我们要帮助孩子开发在自主神经系统的不同层面之间自由转换的能力。

自主神经系统的某个交感神经分支的部分，可以被看成这个系统的"加速器"，它就像一个油门，使我们能够热烈地回应外界刺激和特定情境，并将身体调试到随时行动的模式。

当孩子看到自己非常喜欢的玩具时，大脑中的这个"加速器"就会对孩子说："我喜欢这个玩具，我要买，我现在就要买，我就要马上把它带回家。"

自主神经系统的某个副交感神经分支的一部分，承担的是"系统刹车"的工作，它使我们能够控制自己的行为冲动。当这个"刹车"起作用时，孩子才能够把妈妈说的话听进去。

家长如果持续不断地提醒孩子遵守规则和界限，就相当于在不断地帮助孩子练习使用大脑中的"刹车"功能。

久而久之，孩子的大脑就会发生变化，新的体验和经历会帮助孩子在神经元之间创造新的连接，大脑回路的变化会促使"刹车"功能更好地发挥作用。孩子有了规则意识之后，就学会了说"不"。

规则的生效需要时间。家长需要有足够的耐心陪伴孩子成长，支持孩子学习，并不断地让孩子练习规则，直到外在的规则内化为孩子的内在秩序感。在这个过程中，家长不仅要要求孩子遵守界限，还要以身作则，重视规则的养成过程，并和孩子一起维护规则。如果家长一边看电视，一边催促孩子上床睡觉，孩子永远养不成良好的作息习惯。

问题五：当孩子哭闹、发脾气时，你是否依然坚定地给孩子设限呢

你可能会说："我一拒绝孩子，孩子就会哭个不停，我没办法才

妥协的。"

站在孩子的角度来看，被拒绝以后生气、哭闹、发脾气，都是正常的情绪流淌。如果家长因为受不了孩子哭闹而妥协，这就意味着家长没有给孩子设限。

受不了孩子哭而无法守住界限的家长错误地认为，拒绝孩子就等于不爱孩子。事实上，爱和边界并不冲突。清晰的边界能给孩子带来安全感，有边界的自由能帮助孩子发展出健康的边界感。

有一个妈妈找我做咨询，她对我说："我的孩子现在3岁了，他每天都要折腾到凌晨一两点才睡觉，最早也要深夜12点多才睡觉。"

经过仔细询问，这个妈妈就跟我分享了一件事情，她说："有一天我带孩子去一家酒店吃饭，大概晚上8点就回到家了。到了晚上11点准备睡觉时，孩子非要去那家酒店的大厅里玩。如果我不让孩子去，孩子就不睡觉。"这个妈妈对此很无奈，沟通无果之后，她就带着孩子去了那家酒店，孩子一直玩到了深夜12点多才回家睡觉。

这个妈妈告诉我："还有很多类似这样的情况。孩子总是在睡觉之前提出各种要求。如果我不满足孩子，孩子就拒绝睡觉。"

乍一看，这是一个关于睡觉的问题，但实际上，这是一个有关设限的问题。

在孩子睡觉这件事情上，这个妈妈并没有设置好界限，也没有想办法帮助孩子建立规则意识。清晰的界限能给孩子带来安全感。如果家长通过这个界限传递出的是自我怀疑和不确定，孩子就感受不到安全，他会想尽一切办法寻找这个界限。

有的家长总是希望孩子能不带情绪地，甚至开开心心地接受限制。对此，我只能说这类家长忽略了孩子情绪表达策略的发展轨迹。

儿童心理学家对儿童的情绪调节策略做了研究，他们发现，儿童能否直接、公开、随意地表达情绪，和家长回应儿童情绪的方式有很大的关系。如果孩子知道，无论自己表现出积极的情绪，还是消极的情绪，家长都能接受，并愿意给孩子提供帮助，安慰孩子，孩子就会毫不犹豫地表达自己的情绪。

当孩子有情绪时，如果家长一味地指责孩子，孩子就会逐渐形成一种隐藏情绪的策略。也就是说，不管是积极的情绪还是消极的情绪，孩子都会将情绪隐藏起来。因为孩子错误地认为："表达情绪会让我感到不安全。如果我有情绪，家长就不会接纳我。"

换个角度来看，孩子在家长面前流露出自己的情绪，说明他非常信任家长，相信家长能接纳自己的情绪，相信家长是一个好的倾听者。

如果家长在给孩子设限之后，孩子有哭闹、发脾气等情况，这是非常正常的现象。孩子可以借助这个机会将累积的不良情绪释放出来，家长需要做的是倾听和陪伴孩子。问题的关键并不在于家长给孩子设限之后，孩子有情绪，而在于家长是否理解和接纳孩子的情绪。

★ 家长该如何给孩子设立界限呢

在我的课堂上，有一位二宝妈妈这样问："大宝是姐姐，只有两岁半。弟弟出生之后，姐姐总是过来亲弟弟。有时候姐姐会亲弟弟的脸蛋，有时候会亲弟弟的嘴巴。我制止了姐姐很多次，姐姐都不听。我担心姐姐这样做会造成交叉感染，可我又不知道该怎么办。"

如果你说了他人很多次，都对他人不管用，那一定是因为你的方法不对。就像这个妈妈，只是告诉姐姐不要亲弟弟，姐姐还是不知道应该怎么做。这个妈妈看到的只是姐姐亲弟弟这个行为所带来的问题，并没有看到姐姐这个行为背后是姐姐对弟弟的喜爱。妈妈需要明确地告诉姐姐应该怎么做。妈妈可以这样对姐姐说："妈妈知道你很喜欢弟弟，但你不能亲弟弟的嘴巴。你可以摸摸弟弟的小手或小脚，也可以亲亲弟弟的小脸。弟弟很喜欢姐姐摸他的小脚丫，痒痒的，弟弟感觉很舒服。"听到妈妈这样说，姐姐就知道该怎么做了。

以儿童为中心的游戏治疗和亲子游戏治疗的权威领导者加利·兰德雷斯博士在他的《游戏治疗》一书中提到了"ACT"技术：

A：承认孩子的情绪、愿望和需要；

C：对规则的制定进行沟通；

T：制定合理的可选目标。

这个"ACT"技术对普通家长也有一定的指导意义。

有一个妈妈讲了这样一件事：

有一次我带着孩子站在路边，用打车软件叫了一辆网约车。在等网约车的过程中，孩子看到路边商店里的玩具，非要买。可就在这时，网约车已经来了。这个时候，我要不要去设限呢？

我要不要买这个玩具呢？买吧，我怕把孩子惯坏了；不买吧，孩子哭闹着上车，我感觉挺丢人的。

妈妈如果选择设限，就可以使用"ACT"技术这样说：

妈妈：宝贝，妈妈知道你非常喜欢那个玩具，你很想把那个玩具带回家。

孩子：是啊，我真的很喜欢，特别喜欢。

妈妈：那你喜欢它什么啊？

孩子：它跟那个动画片里的人物一模一样，我早就想要它了。

妈妈：原来是这样啊，它让你想起了那个动画片。要是动画片里的人物能每天和你一起玩就好了。（承认孩子的愿望。）

孩子：是啊是啊，我就想和它一起玩。

妈妈：是啊，宝贝，要是它能陪你一起玩就好了。不过很遗憾，今天不是我们买玩具的时间。一会儿你到家后，可以把它写在你的礼物清单上。等你过生日的时候，你就可以拿到这个玩具了。（清晰地说出界限，并且提供了清晰的替代方案。）

孩子：可是妈妈，我现在就想要，就是现在。

妈妈：宝贝，等待不是一件容易的事情。来，让妈妈抱抱，妈妈会陪你一起等的。（陪伴孩子面对失望的情绪。）

当然，这个妈妈在最初使用"ACT"技术时，很可能会遇到困难，她需要不断地练习和反思，找到设限的卡点，最终做到有效设限。

★ 觉察日记

（1）你在给孩子设限时，遇到难题了吗？结合本节的内容，你反思一下：在给孩子设限时，你卡在哪一步了？

（2）你最想让孩子养成的某个习惯或者遵守的某个规则是什么呢？你该如何做才能帮助孩子呢？

（3）你敢于对孩子说"不"吗？拒绝孩子对你来说意味着什么呢？

★ 亲子游戏："糖果管理员"

使用场景：有孩子参与的任何场景。

有的家长和孩子会因为吃糖果的问题而产生冲突。有的家长一方面担心孩子吃糖太多会损伤牙齿，危害身体健康；另一方面又不忍心拒绝孩子吃糖果的需求，常常处于矛盾和纠结中。该怎样解决这个有关吃糖果的问题呢？

家长可以给孩子分配任务，让孩子保管家里的零食，并且让孩子参与讨论和确定采购零食的清单、吃零食的规则等，还可以让孩子负责管理零食的库存。一旦零食的库存不足，孩子就需要提醒家长采购。家长让孩子管理零食，不仅能培养孩子的自主性，还能有效避免亲子之间因为零食问题而产生的冲突。

家长可以让孩子担任零食管理员，也可以让孩子担任玩具管理员、图书管理员、时间管理员等。如果是多子女的家庭，家长还可以让孩子们竞聘上岗，让孩子们各自给出自己的管理计划，全家人一起探讨管理计划的可行性，最终确定相关的规则。孩子更愿意执行自己参与制定的规则。

我和儿子约定，他每周可以吃七颗糖果。每周，我儿子自己从零食柜子里拿七颗糖果，自己决定怎么吃这些糖果。他可以选择一次性吃完这七颗糖果，也可以选择每天吃一颗或几颗糖果。吃完这七颗糖果之后，他只能等到下一周再吃糖果。神奇的是，自从我们家实行了这个方法后，糖果的消耗速度就没有那么快了。

其实，孩子真正需要的也许不是糖果，而是对糖果的掌控感。如果家长让孩子自己管理糖果，孩子就不需要更多的糖果来满足自己的需求了。

第二节
坚持上兴趣班，孩子不能只靠兴趣

孩子不愿意上兴趣班了，并说自己不感兴趣。面对这种情况时，家长该怎么做呢？

★ 敢于尝试，也要敢于放弃

关于兴趣班，家长们常有以下困惑：

该怎么给学龄前的孩子选择兴趣班呢？

在兴趣班里，自己的孩子和其他同龄孩子有差距，怎么办？

孩子自己选择上的兴趣班，没多久就坚持不下去了。是放弃上这个兴趣班，还是坚持上这个兴趣班呢？

要不要让孩子参加钢琴、美术的考级呢？

孩子已经练了五年的钢琴，现在想放弃，是不是太可惜了？

孩子上了小学之后，时间不够用，该如何取舍孩子的兴趣班呢？

在回答这些问题之前，我想请你思考一下：你是因为什么原因给孩子报的兴趣班呢？如果你想清楚了这个问题，绝大多数的家教问题就能迎刃而解了。

有的家长因为自己的喜好或遗憾、邻居或亲戚朋友介绍、接送孩子方便、商家宣传等原因给孩子选择了某个兴趣班，并没有从孩子的角度出发，也没有清晰的规划。

在给孩子选择兴趣班之前，你需要先想清楚自己的养育目标。你希望培养一个什么样的孩子呢？如果你想清楚了自己的养育目标，有些问题的答案就一目了然了。你如果希望孩子有强健的身体，就可以给孩子报一个体育类的兴趣班。你如果希望孩子有良好的艺术修养和审美能力，就可以给孩子报一个艺术类的兴趣班。你如果希望孩子享受学习的过程，就知道孩子每天应该练习多长时间了。你如果只是希望孩子会弹几首钢琴曲，就知道该不该让孩子钢琴考级了。你如果希望孩子走专业的艺术路线，就应该早做规划。

1. 兴趣班和兴趣并不能画等号

有的家长希望孩子通过上兴趣班发展兴趣，但现实往往是，兴趣班反而成了扼杀孩子兴趣的元凶。

有的家长一看到孩子喜欢画画，就赶紧给孩子报一个美术类的兴趣班。有的家长一看到孩子喜欢踢足球，就把孩子送到足球的兴趣班。有的孩子一旦开始上枯燥、重复又注重短期结果的兴趣班，就很快丧失了学习的兴趣。

我一个朋友的儿子喜欢音乐，花了四年时间学习弹钢琴。我朋友和她儿子每天都会因为练琴的问题争吵。她儿子多次要求停上钢琴课。我朋友觉得她儿子已经弹了四年钢琴，如果此时放弃学钢琴，那就太可惜了。这也是我朋友和她儿子争吵的一个原因。

后来，我朋友和她儿子的亲子关系越来越糟糕。我朋友最终答应了她儿子的要求，停掉了钢琴课。大概有半年的时间，她儿子都没有碰过钢琴。一次偶然的机会，她儿子迷上了打架子鼓。这一次我朋友没有给她儿子报架子鼓的兴趣班，而是让她儿子自由发展。她儿子对音乐的热爱在架子鼓这里得到了延续。

2. 让孩子多尝试

孩子的时间和精力都是有限的。有的孩子听从家长的安排，在不同的兴趣班之间转场，无法拥有深度学习的体验，更不用谈享受学习的过程了。

一个妈妈给自己的孩子报了七个兴趣班，孩子每天都要上不同的兴趣班。这个妈妈说，只要带孩子去上体验课，孩子就说非常喜欢，主动要求报课。没学多长时间，孩子就丧失了学习的兴趣，不能坚持学习。

有的孩子抗挫折能力比较差，一遇到困难就想逃避，频繁更换兴趣班。

家长和孩子本人的特质也会影响兴趣班的选择。如果孩子和家长的性格比较相似，比如性格都偏内向或偏外向，家长就比较容易理解孩子，更能感同身受。

如果孩子和家长的行为特质恰恰相反，家长则需要调整自己的视角，站在孩子的角度去理解孩子的行为表现，避免用自己的固有思维限制孩子的可能性。同时，家长还需要学习如何因材施教，尊重孩子的兴趣，帮助孩子取长补短。

那个给孩子报七个兴趣班的妈妈，她自己的性格偏内向，从小没上过兴趣班，能够长期坚持做一件事情。当她的孩子对某件事情表现出浓厚的兴趣时，她非常支持孩子，并认为兴趣广泛是好事，但她不明白为什么孩子只有三分钟热度，完全坚持不下来。

3. 让孩子保留一两个兴趣班

家长要和孩子一起选择一两个兴趣班。不管孩子学习多忙，都不能轻易放弃。在这个过程中，家长可以暂停或调整孩子兴趣班的课程。家长不追求短期进度和结果，尽可能地让孩子享受学习的过程。

当然，家长应该注重孩子技能的稳步提升，培养孩子坚持不懈的品质，让孩子拥有面对问题或挑战的勇气。家长不能一味地强迫孩子上课，还需要用心陪伴孩子成长。

★ 把兴趣变成热情，让成就感替代挫败感

关于孩子上兴趣班，我们还需要解决以下问题：

怎样确定孩子是否真的对某件事感兴趣呢？

该怎样选择靠谱的培训机构呢？

当孩子想放弃兴趣班的时候，家长应该怎么做呢？

孩子上小学以后，空闲时间越来越少，到底要如何取舍兴趣班呢？

我以明明妈妈为明明选择兴趣班的经历为例，帮助大家去寻找以上问题的答案。

1. 厘清自己的养育目标

明明妈妈希望明明能坚持学习一项运动项目，养成运动的习惯。明明妈妈还希望明明能有良好的艺术修养和审美能力，能用音乐或绘画表达自己。明明妈妈知道以上这些都只是自己的想法，还要考虑明明的喜好。在生活中，明明妈妈一方面为明明创造更多的体验环境，另一方面仔细观察明明的喜好。

从明明一岁多开始，明明妈妈就为明明准备好了各种画笔，带着明明玩各种颜料，还专门让明明参加了美育课程。明明妈妈玩得不亦乐乎，明明却并不喜欢画画。明明妈妈慢慢地觉察到，她让明明画画，是为了弥补她自己童年的遗憾，她自己享受画画的过程就好了，不必强求明明。

明明妈妈还会在周末的时候带明明去看话剧表演、听音乐会，为明明创造体验艺术的机会。明明的爸爸喜欢音乐，经常在家里播放各种乐曲。明明听到某些乐曲后会兴奋地手舞足蹈，有时还会跟着哼唱，但并未对音乐学习表现出很大的热情。

看到邻居家同龄的小朋友骑上了平衡车，明明妈妈就带明明参加了几场平衡车的活动，但明明同样不喜欢骑平衡车。

明明在三岁半时，有一次在商场里看到了滑冰场，他表现出了浓厚的兴趣，非常想去学滑冰。经过询问，四岁以上的孩子才可以学习滑冰。于是在明明四岁半时，明明妈妈就给明明报了第一个兴趣班，让明明学习滑冰。

一次偶然的机会，在一家音乐机构里，明明接触到了架子鼓，他对架子鼓充满了兴趣。因为时间不合适，明明妈妈没有给明明报架子鼓的兴趣班。关于钢琴，明明妈妈想得非常清楚，她不打算让明明走专业路线，又觉得练琴太辛苦，自始至终都未考虑让明明学钢琴。此外，由于明明的表哥会弹吉他，明明因此接触到了吉他，但明明也没有对吉他表现出浓厚的兴趣。

在明明五岁时，明明妈妈希望明明去学游泳，一方面游泳能够强身健体，另一方面游泳也是一项求生技能。于是明明妈妈就给明明报了游泳课。其间，明明断断续续地上课，终于学会了蛙泳。明明喜欢游泳，也很享受游泳，但有些排斥上游泳课。后来又因为疫情，明明妈妈就给明明停掉了游泳课。

有一次明明爸爸在网上刷到了一个视频，这个视频里的十岁男孩用双排键（双排键电子琴）演奏了电视剧《神雕侠侣》的主题曲。明明爸爸就给明明看了这个视频。那个男孩酷酷的样子打动了明明，从此双排键这种乐器就在明明的心里种下了一颗种子。

在明明上小学时，明明一家人搬去了新家。没想到在明明家门口就有一家双排键的培训机构。于是明明在七岁半时开始学习弹奏双排键。

在上了三年滑冰课后，明明对滑冰的兴趣大大降低，于是明明妈妈停掉了明明的滑冰课。对于停课，明明妈妈没有过多的纠结。过去三年的滑冰课让明明训练了体能，发展了平衡能力和感觉统合能力。明明妈妈认为所有的投入都是值得的。

为了增加明明户外运动的时间，明明的爸爸每天陪明明在楼下踢球半小时。这时，明明的学校开设了足球课，可能是因为明明经常和爸爸踢球，明明在足球课上的表现得到了体育老师的肯定。从此以后明明就对足球表现出了极其浓厚的兴趣，并在二年级下学期快结束时，加入了学校的足球队，每天至少踢球一小时，没有报任何的足球兴趣班。

不知道从什么时候开始，明明会将自己喜欢的歌曲保存在自己的电话手表里。在不知不觉间，明明的电话手表里已经存了200多首歌曲。明明还让妈妈将歌词打印出来，自己看着歌词练习唱歌。春节假期结束后，明明还和同学一起讨论各自喜欢的春晚节目。

从以上的例子来看，家长的引导、家庭环境的影响、孩子自己的兴趣等会影响兴趣班的选择和兴趣的发展。

2. 在孩子想放弃的时候，家长需要陪伴和鼓励孩子

明明在学习滑冰、游泳、双排键的过程中，也有想放弃的时候。妈妈的陪伴和鼓励让明明坚持下来了。

明明妈妈希望明明能够养成积极进取的人生态度和坚毅、勇敢的品质，能够获得深度学习的体验，能够调节自己的情绪，克服困难，享受学习和生活。有了这个清晰的目标之后，明明妈妈就能在明明遇到挑战时有效地支持明明。

其实，孩子之所以对某个乐器或者某项运动产生兴趣，大概率是因为他觉得好玩、有趣。随着学习难度的提升、练习时间的增加，孩子感受到了挫败感，学习的兴趣逐渐降低。这就是有些孩子还没上几节课就放弃兴趣班的原因。

当孩子想上某个兴趣班时，家长要提前告知孩子在学习的过程中会遇到哪些困难，让孩子做好心理准备。当孩子因为学习难度大而产生畏难情绪时，家长要及时帮助孩子，让孩子获得成就感，从而让孩子继续坚持下去。有时孩子在突破瓶颈期后，技能就会大大提升，兴趣也会转变为热情。

3.家长用游戏的方式让孩子坚持练习

明明在学习滑冰一个多月时，由于长时间重复练习滑冰的动作，还经常摔倒，他因此觉得滑冰没有意思了，就想放弃。

明明妈妈选择用游戏的方式帮助明明将枯燥的练习变得好玩。

首先是假想游戏。四五岁正是孩子喜欢玩假想游戏的年纪。明明妈妈让明明假装给其他小朋友上课，将练习动作的要领讲出来，并且做几次示范，将枯燥的练习过程变成好玩的游戏。经过多次练习之后，明明滑冰的动作变得更加标准、流畅。此时，明明妈妈要及时肯定明明，让明明看到自己的进步。

其次是计时游戏。明明妈妈用数字让明明看到自己的进步。每次开始练习之前，明明妈妈都会让明明用最快的速度绕冰场滑行一圈，记录明明滑行一圈的时间。从一开始滑行一圈需要几分钟，到最后只需要几十秒就可以滑行一圈，明明感受到了自己的进步，获得了成就感，就愿意坚持练习了。

这个故事到这里并没有结束。

当孩子在学习某项技能的过程中有克服困难、深度学习的体验时，这种体验所带来的内在力量和技能的提升是可以迁移到其他学习上的。

明明在学习游泳和双排键时，同样因为练习难度的提升而产生了畏难情绪，明明妈妈就用明明曾经练习滑冰的经历来鼓励明明。人们在学习任何一项技能时，都是从"不会"到"会"，从"不熟练"到"熟练"的过程，需要无数次的刻意练习，坚决不放弃。

美国心理学家卡罗尔·德韦克提出了成长型思维模式。具备成长型思维模式的人更愿意接受挑战，不害怕失败，能从失败中吸取经验教训，并相信自己的努力可以改变现状，最终获得成功。

面对挑战，坚持不懈的品质将会成为孩子受益一生的财富。

小小的兴趣班，隐藏着养育的大智慧。

★ 觉察日记

（1）你是否有过深度学习某项技能的经历呢？这样的经历对于你的人生选择、养育孩子有什么影响吗？

（2）你的孩子做事情总是三分钟热度吗？如果你回答"是"，那么孩子具体有哪些表现呢？读了本文之后，你想怎样帮助孩子呢？

（3）如果孩子对某个兴趣班产生了兴趣，你也支持孩子去上，在给孩子报这个兴趣班之前，你该怎样和孩子预告他今后可能遇到的学习困难呢？

★ 亲子游戏："多感官卡片游戏"

使用场景：当孩子在学习上遇到困难时。

准备好卡片。可以是这样的英文卡片：卡片的一面上有一个单词，卡片的另一面上有用这个单词组成的句子。也可以是这样的中文卡片：卡片的一面上有一个汉字，卡片的另一面上有用这个汉字组成的词汇或句子。

我以成语卡片为例介绍这个游戏。将所有的卡片散放在一起，每个人随机抽取一张，先读出上面的汉字，再说出一个含有该字的成语或者读出卡片另一面的成语。提供这两个选择是为了不给孩子太大的压力，让孩子更轻松地玩游戏，让孩子享受玩游戏的乐趣。

这个游戏还有很多种玩法，比如每人分一堆卡片，就像打扑克牌那样，轮流抽出一张，并将卡片上的句子组成一个故事，还可以一边讲故事一边表演。

在玩游戏的过程中，孩子的听、说、读的能力都能得到发展。同时，游戏让学习变得好玩，孩子在游戏中解决认字、组句的学习难题。家长也可以自创一些游戏的玩法。

第三节
懂点脑科学，发展孩子的专注力和自控力

如果孩子在学习时经常分心，注意力不集中，家长就要想办法帮助孩子提高专注力和自控力。

★ 孩子的专注力真的不好吗

1. 有一种专注力不好，叫"妈妈觉得孩子的专注力不好"

我合作的一家教育机构给我发来了一份长长的问题清单。在这份清单上，"专注力不好""坐不住""注意力不集中""自控力差"等短语出现的频率非常高。从这份清单来看，家长对孩子专注力的关注度很高。

孩子在做一件事情的时候，会同时需要多种能力。以搭建积木这件事为例，孩子在搭建过程中需要想象力、创造力、动手能力、专注力等。由此可见，专注力只是众多必需能力的一种。

有一种冷，叫"妈妈觉得孩子冷"。有一种专注力不好，叫"妈妈觉得孩子的专注力不好"。家长如果单纯地将孩子学习成绩不理想归咎于孩子的专注力不好，并当成一个问题来解决，就会阻碍孩子其他能力的发展。久而久之，孩子的专注力就真的不好了。

2. 原生家庭的影响

有的家长在解决孩子专注力不好的问题上花费了太多的时间，从而忽略了甚至阻碍了孩子其他各项能力的发展。这也不能全怪家长。有的家长就是在自己父母的语言打击下长大的，很少听到父母肯定自己的优点和进步之处，听到最多的是父母指出自己的缺点和差距。

从小到大我耳边就时常回响着一句话："骄傲使人退步，谦虚使人进步。"在我的印象中，我小时候即使学习成绩名列前茅，也很少得到一句赞赏，这就导致了现在的我总是觉得自己做得不够好，而这种模式也会被投射到我儿子的身上。

有一次，我儿子的外教老师给我儿子布置了画画的作业。等我儿子画完了之后，我觉得他画得不够好，就让他重画。我儿子当然不愿意重画。我就没继续坚持让我儿子重画。后来上课时，我儿子将自己的画拿给外教老师看，外教老师只看了一眼就发现了这幅画中的一个亮点。其实我也注意到了这个亮点，但我没有去肯定这个亮点，只是一味地要求孩子重画，期待孩子画得更好一点。

下课后我儿子对我说："妈妈，为什么老师觉得我画得很好，你却总觉得我画得不够好呢？"

家长注意到什么，什么就会被留下来。家长反馈什么，什么就会被强化。想要发展孩子的专注力，家长首先需要调整自己关注的角度。

3. 家长要对孩子的专注时间有合理的预期

除了调整自己的关注角度以外，家长还要对孩子的专注时间有合理的预期。不同年龄段的孩子，能够保持专注的时间长短是不同的。家长所认为的孩子的专注力不好，很可能是这个年龄段孩子的正常表现。

儿童游戏治疗师对于注意力不足的临床症状做了详细的描述，只有达到以下的程度，才有可能被定义为"注意力不集中"：

学龄前期的幼儿，持续游戏时间少于3分钟；

学龄期的儿童，忘东忘西，容易分心，持续专注学习时间少于10分钟；

青春期少年，相较于同龄的孩子，无法持续专注地学习，无法注意细节，经常忘记约会或者约定，持续专注时间少于20分钟；

成年人，很容易忘记约会或约定，无法完成事前准备或无法做长期计划。

4. 外部环境影响家长的认知

有些时候，家长对于孩子专注力不好的判断，来自人为制造的焦虑。

不知道你是否有过这样的经历：你和孩子只在某早教中心待了几分钟，就有一位"好心"的课程顾问走过来告诉你，你家孩子的专注力不好，需要尽早干预，接下来就开始推荐他们的课程。

我查阅了许多与专注力相关的资料，并从中得知：一岁半以内的孩子通常是不会思考的，他都是走到哪里，再想想要做什么，可谓是"大脑与双脚同步"，也可以被称为"用脚思考"。此年龄段的孩子不会提前计划做什么，而是随着自己的兴致到处乱跑，漫无目的地探索每一个角落，偶尔停下来研究自己感兴趣的东西。所以，一岁半左右的孩子在一个环境中的动线是杂乱无章的，没有任何的规律可言。

两岁多的孩子先对一个目标感兴趣了，然后才会兴奋地走过去看，但看的时间很短，因为他很快就会被新的目标吸引，于是转眼又走到了别的地方。此年龄段的孩子集中注意力的时间还很短，不会花很长的时间去关注某个事物。

三岁左右孩子的注意力进一步集中。有人曾在幼儿园里做过调查，在七分钟的时间内，三岁左右的孩子会用三四分钟的时间玩一到两种游戏，不再像两岁孩子那样在房间里漫无目的地闲逛，集中注意力的时间变长。

有的家长为了帮助孩子提升专注力，真的是煞费苦心。一位妈妈找到我，对我说："我家孩子上小学之后，多次被老师指出上课坐不住、交头接耳、东张西望，于是我就在家里给孩子做专注力训练。我采用的方式就是让孩子坐在那里，保持15分钟不动。只要孩子做不到，我就打孩子。孩子现在非常叛逆，我们俩的亲子关系也很紧张。"这个妈妈这样做确实会产生许多问题。

有的家长觉得孩子自从上了幼儿园或小学后，小毛病、小问题就突然多了起来。这多是因为这些家长在感受到外界的压力之后，内核变得不稳定，看到的都是孩子的缺点或毛病。家长如果不能很好地排解这种压力，又不了解孩子的专注力发展特点，就容易将自己的压力转嫁到孩子的身上。这不但不能帮助孩子提高专注力，还会加重孩子的精神负担，破坏亲子关系。

5. 培养孩子的自主性

事实上，孩子的专注力和做事情的自主性有非常大的关系。家长需要给孩子足够的空间，让孩子的自主性得到充分发挥，这样孩子的专注力就不会太差。相反，家长如果总是要求孩子必须按照家长的想法来，不但会让孩子失去自主性，还会让家长的认知成为孩子能力发展的天花板。

你如果去观察孩子的成长过程就会发现：当几个月大的孩子看到近处的某个东西，咿咿呀呀地表示想要时，有的家长会迅速地将这个东西递给孩子。家长的这个举动剥夺了孩子自己去取这个东西的自主性。

一两岁的孩子正在玩小汽车，有的家长就在旁边不断地问孩子："这是什么啊？它是什么颜色的啊？它有几个轮子啊？"家长想通过这种提问的方式教给孩子知识，结果可能是孩子不仅没学到知识，专注力还被破坏了。

四五岁的孩子在拿到一个新玩具的时候，总是迫不及待地打开包装，自己捣鼓、研究。有的家长就在一旁不断地纠正孩子："这个玩具不是这样玩的，你得这样玩才行……"家长的这种做法会剥夺孩子自我探索的兴趣，破坏孩子的专注力。

学龄前的孩子会沉浸在各种假想游戏中。在假想游戏中，孩子会非常专注，认真扮演各种角色，处理各种冲突，等等。如果孩子做自己喜欢的事情，自主性和专注力就能得到很好的发展。

等孩子上了小学，需要做作业了，有的家长总是要求孩子先做这个作业，再做那个作业。有的家长只要看到孩子写错一个字、做错一道题，就着急去纠正孩子。家长这样做不但会让孩子产生强烈的挫败感，还会破坏孩子做作业的主动性。

6. 学会给孩子"留白"

大多数家长在陪伴孩子时总想为孩子做点什么，最受不了的就是沉默和"留白"。这里的"留白"是指家长给孩子留出自由发展的空间。我认为，对孩子最好的教育就是不教育。对家长来说，"不做"比"做"更难。

在孩子玩游戏的时候，你如果坐在孩子身边不知道干什么，就可以停下来什么都不做，尝试着观察一下你的孩子：孩子在玩游戏的时候是不是特别专注？如果你愿意停下来，安静地观察孩子在玩游戏时的状态，你会发现孩子那种专注的眼神和表情是非常打动人的。

家长帮助孩子发展专注力的方法之一就是"不打断，不打扰"。当孩子自己玩玩具、玩游戏、写作业时，家长不要打扰孩子，不要一会儿给孩子递水果，一会儿问孩子渴不渴。家长要让孩子自由玩耍，让孩子按照自己的方式做事情，让孩子自己去体验，这样才能更好地培养孩子的专注力。

另外，家里的电视不能一直开着，否则会影响孩子的专注力。当孩子说话的时候，家长不要打断孩子，也不要纠正孩子，给孩子完整表达自己想法的时间，这样可以更好地培养孩子的专注力。从这个角度来讲，家长想要培养孩子的专注力，首先要做的就是不打扰孩子，不干扰孩子。

有人说，专注力是意识的肌肉，能够通过锻炼逐渐增强。对于低龄儿童来说，亲子游戏可以有效提高孩子的专注力。

家长可以让学龄期的孩子使用番茄工作法。孩子在使用番茄工作法完成作业的同时，完成专注力的训练。

★ 自控力是如何发挥作用的

1. 前额皮质对自控力的影响

我们先来了解一下大脑的结构对自控力的影响。前额皮质位于大脑额叶的前部。前额皮质是大脑负责理性思考和自控力的关键区域。斯坦福大学的神经生物学家罗伯特·萨博斯基认为，前额皮质的主要作用是让人选择做"更难的事"。如果你坐在沙发上比较容易，前额皮质就会让你站起来做做运动。如果你吃甜品比较容易，前额皮质就会提醒你喝一杯茶。如果你把事情拖到明天做比较容易，前额皮质就会督促你打开文件，开始工作。

人们将前额皮质分成了三个区域，不同的区域分管"我要做""我不要"和"我想要"三种力量。

以我写作和孩子写作业这两件事为例。前额皮质的左侧区域负责"我要做某件事"的力量，这块区域可以帮助我们处理枯燥、困难或充满压力的工作，比如我需要坐在电脑前不断地写作和修改，孩子需要坐在书桌前完成不同科目的作业。

前额皮质的右侧区域控制"我不要去做某件事"的力量，这块区域可以帮助我们克制一时的冲动，比如我在写作的时候不能总是玩手机；孩子在写作业的时候不能走神，不能总想着玩橡皮。

以上两个区域共同控制着我们"去做某件事"。

第三个区域位于前额皮质中间靠下的位置，这个区域会记录我们的目标和欲望，决定我们"想要什么"，比如我想看到我的新书上市销售火爆的样子，孩子想取得理想的学习成绩。

我们的大脑结构能确保我们"积极主动完成一件事"。

孩子在写作业时自带管理功能。问题是，当孩子的前额皮质不工作的时候，自带的管理功能就无法被发挥出来。这也是有些孩子表现不好的原因。孩子表现好的时候就是前额皮质正常工作的时候。孩子表现不好的时候就是前额皮质没有正常工作的时候。

从某种意义上讲，家长只需要让孩子的大脑前额皮质好好工作就好了。家长如果能做到这一点，就能帮助孩子培养自控力。有很多因素会影响孩子的自控力。

2. 哪些情绪因素会影响人们的自控力

有的成人总是控制不住自己去玩手机。那么，总是忍不住玩手机的背后是自控力差。自控力差的背后又隐藏了哪些情绪因素呢？

妈妈跟孩子斗智斗勇一整天，身心疲惫，没有自己的时间。晚上，孩子终于睡了，世界安静了。妈妈赶紧玩会儿手机，放松自己的身心。

你发了一个朋友圈，总惦记着：有没有人看到啊？有没有人给你点赞、评论啊？你在网上买了一件东西，总想看看装有这个东西的快递到哪里了。这些都是与焦虑有关的不良情绪。这些不良情绪容易抑制前额皮质的功能，导致自身的自控力变差。

当孩子正在做某件事时，有的家长就不断地在旁边要求孩子，对孩子进行说教。孩子总是一副小心翼翼的样子，害怕出错。孩子不仅需要看父母的脸色，还得承受各种压力，积攒了一天的不良情绪。在这些不良情绪的影响下，孩子的自控力能好到哪里去呢？

3. 用游戏恢复孩子的自控力

家长需要看见孩子自控力差背后的情绪因素，促使孩子的前额皮质正常工作，让孩子的自控力恢复正常。

一方面，家长需要停止唠叨和说教，让孩子拥有掌控感，让孩子尝试安排自己的学习和生活；另一方面，家长也要有意识地觉察自己的情绪，控制好自己的情绪，不要将自己的不良情绪倾倒在孩子的身上，不能给孩子增加压力。当孩子有压力时，家长可以通过游戏的方式帮助孩子释放压力。家长可以找一个合适的时间，全家人围坐在一起，每个人说一件让自己非常感恩的事情。这个游戏有助于构建家庭仪式感。

家长和孩子围坐在一起，深呼吸三次，闭上眼睛，轮流说出房间里一个很小的不被注意的物体，其他人睁眼去寻找这个物体。全家人还可以一起闭上眼睛，用心倾听周围的声音，提前定好时间，时间到了，就轮流描述自己听到的几种声音。全家人也可以一起坐在草地上，倾听大自然的声音。这些游戏对孩子来说都是非常美好的体验。

在面对低龄儿童时，家长可以选择其他的游戏方式，比如我儿子很喜欢玩的"拇指摔跤游戏"。家长和孩子用大拇指玩打闹游戏，可以增加孩子手指的灵活性。家长还可以让孩子躺在床上，在孩子的肚子上放一艘玩具小船，让孩子观察小船随着他的呼吸一起一伏的变化。

我儿子对玩弹珠很感兴趣。我就陪我儿子一起玩弹珠。玩弹珠的游戏有助于训练孩子的专注力。

写到这里，我突然发现，我小时候玩的一些游戏在不经意间发展了我的能力。面对身处快节奏时代的孩子，家长更需要慢下来、停下来，给孩子更多的时间去玩游戏。

4. 让孩子学会放松自己的大脑

科学研究发现，自控力不仅和心理状态有关，还和生理状态有关。只有大脑和身体同时作用，孩子才有力量克服冲动。

有的人会在工作忙碌的时候将自己所有的精力都放在工作上。孩子马上就要考试了，有的家长就恨不得让孩子将所有的精力都用在学习上。家长这样做会给孩子的大脑造成压力，而这种压力会抑制大脑的功能，极大地影响专注力和自控力的发挥。

我认为，不管工作多忙，都要保证正常的生活节奏。充足的睡眠，健康的饮食，情绪稳定，能让人们在面对复杂问题时更加富有创造力。孩子如果长期睡眠不足，精神紧绷，就容易处于慢性压力状态中，身心不健康，自控力不足。

以我自己为例，我每天早起写作，中午就需要小睡一会儿，不然我下午的精神状态就会受到影响。我儿子如果在早上精力充沛的时候跟读英文句子，就愿意尝试多次。我儿子如果在晚上跟读英文句子，在读第一遍时没有跟读下来，就容易有情绪。身体的疲劳让我儿子没有办法做到高度专注和自控。

学龄期的孩子一般会在晚上写作业，有的孩子甚至会写到很晚。在白天上了一天课的孩子，到了晚上，他的大脑已经处于极端疲惫的状态了。家长如果此时指责、批评孩子，无疑会给孩子增加压力，影响孩子的专注力。

有人曾经建议，可以让孩子在放学后小睡一会儿，让大脑在小睡时休息一下。休息之后，孩子的大脑状态会更好，孩子在写作业时会更加高效。家长如果有条件做出这样的安排，就可以让孩子在放学后小睡一会儿。如果孩子没有办法小睡，家长就让孩子在放学后玩一会儿游戏。玩游戏也是让大脑休息的一种好方法。

游戏会促进脑源性神经营养因子的分泌。脑源性神经营养因子就是大脑的营养素，可以促进神经元的生长，修复受损的神经，增强记忆力和学习能力。随着脑源性神经营养因子的分泌增多，大脑的运转速度会更快，传输信息和留存信息的速度也会更快。此时孩子写作业会更轻松、更专注，效率也会更高。从这个角度来讲，适度玩游戏可以提高孩子的学习效率。

在这里，我需要澄清的是这个"游戏"不是电子游戏，而是本书介绍的亲子游戏。理想的状态是，孩子养成主动让大脑休息的习惯，用游戏或者其他方式调整自己的学习节奏，习得自我调节的能力。

★ 觉察日记

（1）回想一下，在孩子发展专注力的过程中，你都做过哪些积极的努力呢？你给孩子带来哪些消极的影响呢？

（2）你觉得自己的自控力强吗？影响你自控力的因素有哪些呢？请你花点时间记录一下。

（3）有哪些情绪因素可能会影响孩子的自控力呢？这些因素跟影响你自控力的因素有相关性吗？

★ 亲子游戏：冥想

适用场景：随时随地。

找一个舒服的位置坐好，挺直后背，双手放在膝盖上，闭上眼睛，注意你的呼吸。吸气时在脑海中默念"吸入"，呼气时在脑海中默念"呼出"。当你发现自己大脑中出现其他念头时，你只需要跟你的念头说一声"你好，再见"，然后重新将自己的注意力集中在自己的呼吸上。

在最初练习时，你可以选择在固定的时间冥想，每天5分钟就好。持续练习一周时间以后，你可以根据自己的情况延长冥想的时间。持续性的短时间练习比间歇性的大段时间练习效果更好。在练习的时候，你可能会有一些杂念，不必自我苛责，只要将自己的注意力重新转移到呼吸上就好。经过一段时间的练习后，你就可以用冥想的方式快速地让自己的心安定下来。

第四节
叛逆的孩子，只是想长大

进入青春期之后，有的孩子渴望成长和独立，但又因为认知有限，会有一些叛逆的行为。面对叛逆的孩子，家长应该怎么做呢？

★ 用欣赏的眼光看待孩子的叛逆

经常有家长跟我抱怨："孩子真是越大越不听话了！孩子小的时候还是挺乖巧懂事的，长大之后反而不让人说了，急了还会发脾气。我真的越来越搞不懂孩子了。"

那么孩子为什么会越大越不听话呢？

其实原因很简单，孩子长大了，有自己的想法了。家长如果不能及时后退，给孩子留出成长的空间，依然像小时候那样为孩子安排好一切，要求孩子听话照做，势必会迎来孩子的反抗。

所谓的叛逆，只是成年人站在自己的角度对孩子的行为做出的一种评判。有时孩子只是想表达一下自己的看法，希望拥有对自我和生活的掌控感，希望有机会自己做决定，但这势必会给家长带来失控感。

面对叛逆的孩子，家长需要解决两个问题：如何看待孩子的叛逆？如何处理自己的失控感？

1. 家长要用欣赏的眼光看待叛逆的孩子

随着年龄的增长，孩子逐渐意识到自己和妈妈是两个完全独立的个体，他可以独立完成很多事，常见的表现就是凡事都要自己来，开始频繁地对他人说"不要！"。妈妈要尝试对孩子说"好的"，要给孩子自由选择的机会，允许孩子自己做一些决定，允许孩子适当冒险。妈妈如果用欣赏的眼光看待这个小小的生命，就会欣喜于他的成长。

进入青春期之后，孩子更加追求精神的独立和自由，极力地摆脱对成人的依赖，更加迫切地表达自己，常见的表现就是需要更多的个人空间，有了自己的秘密，经常挂在嘴边的话是"你不懂！"。

青春期的孩子虽然拥有了发育成熟的身体，但是还没有成熟的思想。独立和依赖的拉扯会造成很多内在的冲突，青春期的孩子需要家长更多的支持。家长如果能看到孩子叛逆行为背后的内在心理需求，就可以更好地和孩子站在一起，帮助孩子度过青春期。

2. 家长需要处理好自己的失控感，成为孩子的支持者

孩子不断长大的过程就是家长不断面对自己失控感的过程。处理好自己的失控感是为人家长的必修课。

刚出生的孩子完全依赖家长。此时家长对孩子拥有很多的掌控权。

随着年龄的增长，孩子逐渐成为一个独立的个体，也想拥有更多的自我掌控感，这势必会引起亲子纷争。

家长如果不能很好地处理自己的失控感，不能容忍孩子的叛逆行为，就容易陷入亲子纷争，这不但无法支持孩子的成长，还容易阻碍孩子的成长。

家长如果过度地控制孩子，就可能会有两种极端的后果。一种极端的后果是孩子极度叛逆，完全不把家长当回事，甚至为了叛逆而叛逆，没有获得内心的成长。另一种极端的后果是表面上孩子非常乖巧懂事，但实际上孩子已经放弃抵抗，永远活在家长的阴影里，失去了对自己人生的掌控感。

以上两种结果都不是家长希望看到的。家长要为自己的失控感负责，把孩子当成一个独立的生命个体，而非自己生命的附属。

随着孩子年龄的增长，家长要将关注点转移到自己的身上。有的家长迫切地想抓住孩子的人生，本质上还是因为他失去了对自己人生的掌控感。

有的家长因为想弥补自己小时候的遗憾，就将自己的期待全部放在孩子的身上。有的家长之所以严格要求孩子，本质上是因为自己没有做到。

有的家长放弃了自我成长，对自己的人生感到焦虑和迷茫，却总是希望孩子能获得好成绩。有的家长认为孩子只有学习成绩好，才能有一个美好的未来。

有的家长没有人生目标或人生方向，总是被周围的环境裹挟着前行，什么都想抓住，到头来却是一场空。

家长需要不断地成长，不断地学习和进步，增强对自己人生的掌控感，学会放手，让孩子掌控他自己的人生。

★ 面对叛逆的孩子，家长该怎么做

我给大家总结了以下三点：

1. 面对叛逆的孩子，家长要情绪稳定

家长对孩子情绪的接纳度，受到养育压力和深层情绪压力的影响。孩子的叛逆行为又很容易增加家长的这两重压力。

一方面，孩子的叛逆行为会让家长产生自我怀疑，怀疑自己的养育方式是否出了问题。另一方面，叛逆的孩子会有一些超出家长心理承受范围的过激行为，这些行为激活了家长内心的深层情绪，在这种情况下，家长很难平静地面对孩子。

家长要觉察自己的压力来源，处理好自己的消极情绪。家长保持情绪稳定，才能更好地应对孩子的叛逆行为。

此外，良好的家庭氛围也会影响孩子的行为表现。父母如果感情不和，经常争吵，忽略孩子的感受，就会让孩子觉得父母不爱自己，就会强化孩子的叛逆行为。

2. 家长要提高自己的认知，更加包容孩子

家长要未雨绸缪，充分了解孩子在不同发展阶段的特点和内在的心理需求。家长如果能预测孩子的行为，就更容易接纳孩子的行为。

另外，家长要尝试和孩子好好沟通。面对叛逆的孩子，有的家长只会不停地唠叨，试图将自己认为正确的人生经验"传授"给孩子，

殊不知这样做只会将孩子越推越远。

年龄小的孩子，试错成本相对较低。在确保孩子安全的前提下，家长可以放手让孩子自己去尝试，让孩子自己做决定，支持孩子发展"我能感"。家长要多陪孩子玩亲子游戏，在游戏中满足孩子对自我掌控感的需求。孩子如果在游戏中得到了满足，就更容易在现实生活中与家长合作。

我儿子经常让我帮他拿那些掉在床底下的玩具。我儿子趴在床的另一侧的地上，指挥我一点一点地靠近床底下的玩具，他会对我说："往左一点，再往右一点……超过了一点，再往回一点点……"这个够玩具的过程渐渐变成了我和儿子之间的游戏。

有时候我即使摸到了掉落的玩具，也会假装没摸到，好让我儿子继续指挥我够玩具。在拿到玩具之后，我还会假装拿不稳玩具，让玩具再次掉落，这个游戏就可以继续进行下去。

有时候，当我离开我儿子的房间时，我儿子会大喊一声"妈妈回来"。我就立刻退回来。我儿子继续喊"妈妈走吧"。我接着离开。我儿子就会继续喊"妈妈回来"。在我儿子一声声"妈妈走吧""妈妈回来"中，我不断地离开回来、离开回来，最终晕头转向。我儿子则哈哈大笑，极大地满足了自我掌控感的需要。

面对青春期的孩子，家长要修炼"闭嘴大法"，多倾听，少唠叨，让自己成为孩子释放情绪的安全出口，而非成长中的压力来源。孩子如果感受到了家长的接纳和包容，就更愿意表达自己的想法，更容易做出有益于自己的选择。

3. 家长要走出舒适区，和孩子一起成长

有的家长放弃了自我的成长，只对孩子提出各种成长的要求，这样做会让孩子无法信服家长，轻视家长的教导，强化孩子的叛逆行为。家长应当走出自己的舒适区，和孩子一起成长，做孩子的榜样。

一位父亲为了帮助上初中的儿子提高语文成绩，每天和儿子一起背诵文言文。父子俩还会一起比赛，看谁背得又快又准，他们俩还会一起玩背诵接龙的游戏等。每天一起背诵的时间成了最美好的亲子时光。妈妈则用视频记录下这难忘的亲子时光。在这种积极向上的家庭氛围中长大的孩子，有着良好的亲子关系，内心充满了温暖和力量，不容易出现叛逆行为。

★ 觉察日记

（1）你的孩子有没有出现叛逆行为呢？具体有哪些叛逆表现呢？读完本文，你对孩子有哪些新的认知呢？

（2）当孩子出现叛逆行为时，你通常是怎样处理的？效果是怎样的？你可以做出哪些调整呢？

（3）应对孩子叛逆行为的三个措施，哪一个措施对你来说是最难的？为什么？

★ 亲子游戏："空中脚踏车"

使用场景：作业间隙或随时随地。

孩子和爸爸妈妈三人并排，上身平躺，两腿举在空中，做出蹬自

行车的动作，看谁"蹬车"的速度快。

孩子指挥，并喊"快""慢""停止"的口令。所有人根据口令调整自己"蹬车"的速度。这个游戏真的挺累人的，但家长和孩子都玩得非常开心，累得蹬不动了，就趴在地上，笑成一团。如果家里有多个孩子，家长就让孩子们轮流负责喊口令。

每个孩子的玩法是不一样的。我儿子会加入一些好玩的口令，比如"不快不慢""冻住了"……在说完"冻住了"的时候，我儿子会仔细观察我们的腿有没有晃动。如果有人的腿晃动了，我儿子就会兴高采烈地指出来。我儿子非常喜欢玩这类主导他人的游戏。

有的家长错误地认为，想让孩子坐得住，安心写作业，就不能让孩子太兴奋。事实上，当孩子的大脑处于适度兴奋的状态时，孩子反而更加专注，学习的效率更高。

第五节
给足自己心理营养，做一个有松弛感的家长

在内卷的大背景下，家长要尝试换位思考，理解孩子的处境，多去接纳孩子，做一个有松弛感的家长。

★ 充满自己的爱之杯，才能给孩子蓄杯

"爱的充电器"是一个隐喻。我们每天都在不断地"充电""放电"。我们"电量"低的时候，就是我们情绪不高，特别容易被"点爆"，忍不住朝孩子大吼大叫的时候，此时的我们很难跟孩子一起玩游戏。

作为家长的我们并不需要随时随地以孩子为中心，满足孩子的一切需求。本书所讲的有效养育是一种养育状态，是家长可以接得住孩子的成长挑战，并给孩子充电的一种状态。

孩子如果总是黏着妈妈，想让妈妈一直陪着，或者写作业拖延，睡前拖延，无故发脾气，就是"电量"低的表现。

低"电量"的孩子，意味着他感受不到跟妈妈的联结了，他的大脑不能理性运转了。此时妈妈跟孩子讲道理是没有用的。此时妈妈要做的事情是先给孩子充电。等孩子充满了"电量"，大脑功能被重新激活了，恢复理性思考了，孩子就变得合作了。

那么问题又来了。家长该怎么给孩子高效充电呢？当家长自己的"电量"很低时，家长又怎么能给孩子充电呢？

1. 家长用游戏的方式给孩子充电

"爱的充电器"这个游戏的玩法是，家长假装在孩子的身上找充电插头，却翻来覆去找不到，就可以这样说："哎呀，插头在哪里呢？我怎么就找不到插头呢？找不到插头，我怎么给我的宝宝充电呢？宝宝，你的充电插头在哪里呢？"

孩子可能会迫不及待地告诉你"在这里，在这里"。家长开始呜呜呜地给孩子充电了，过一会儿问孩子："你的'电量'够了吗？现在到哪里了？"再充一会儿，家长继续问孩子："你的'电量'够了吗？现在到哪里了？"一直等到孩子说"妈妈，我现在的'电量'是满满的了"，这个游戏就结束了。

家长假装给孩子充电，这种一对一的关注和爱真的会让孩子感受到爱的"电量"在不断增加。谁说这不是真的在给孩子充电呢？

科恩博士在他的《游戏力》一书中介绍了一个名为"爱之蛋"的游戏。该游戏的玩法是，家长假装用手拿着一个大大的蛋，告诉孩子："这个是爱之蛋。"然后家长咔嚓一声，假装将蛋磕破了，对孩子说：

"快点快点,爱的蛋液要流出来了,我赶紧给你抹在身上。"于是家长就假装手上真的有蛋液一样,将爱的蛋液涂抹在孩子的身上。

家里如果有好几个孩子,就可以玩一个名为"爱的传递"的游戏。该游戏的玩法是,爸爸将爱的蛋液抹在妈妈的身上,妈妈将爱的蛋液抹在哥哥或者姐姐的身上,哥哥姐姐再将爱的蛋液涂抹在弟弟或妹妹的身上。这个游戏非常适用于多子女家庭。

在多子女家庭中,妈妈的"电量"特别容易被耗尽。孩子们为了争抢妈妈的关注和爱,不断地爆发各种争吵,这会让妈妈的"电量"迅速降低,母爱的质量也会下降。孩子们如果感受不到妈妈的爱,就容易陷入恶性循环。

妈妈可以用"爱的充电器"一对一地给大宝充电。等大宝充满了"电量",爱满自溢,大宝就会有"电量"释放给弟弟妹妹。这样爱就会在整个家庭中流动和传递。

2. 家长自己的"电量"不足

有的家长懂很多的家教知识,也知道游戏很有用,联结很重要,可是在面对孩子的问题时,就是没有找到解决问题的办法。原因很简单,就是家长自己的"电量"不足了。

如果家长的"电量"不足,家长就容易发脾气,没有耐心,身心疲惫,对孩子的接纳程度变低,陷入无意识的指责和唠叨的模式中。"电量"不足的家长很难做到陪孩子一起玩游戏。

当我很忙,身体很累,还有很多工作要做,偏偏孩子又来捣乱的时候,我会非常烦躁,只想让孩子安静下来,完全没办法好好回应孩子。后来我转念一想,我最近确实太忙了,都没有好好陪伴孩子,孩子也需要妈妈的关注和爱啊。于是我开始自责，对自己很不满意。此刻孩子就在我身边哼哼唧唧。我很想去陪孩子，但我又做不到，各种情绪堆积在一起，我一下子没忍住，就吼了孩子。对于以上的场景，我相信大家都不陌生。

3. 给孩子留出专属的充电时间

后来，我每天给孩子留出专属的充电时间，满足孩子的充电需要。

我会提前告诉孩子我一整天的时间安排，比如我在什么时间需要工作，可以在什么时间陪他一起玩游戏。并且我会向孩子清楚地表达：我希望他能在我工作期间照顾好自己，不要轻易地打扰我。

在给孩子充电的时间里，我会将手机放在一边，定好闹钟，将自己所有的精力和关注点全部放在孩子的身上，陪孩子一起玩孩子喜欢的游戏。我会刻意地多跟孩子的身体接触，多用目光和孩子交流，多拥抱孩子，为孩子迅速充电。

等充电时间结束后，我会问孩子："在妈妈工作时，你可以做哪些事情来打发自己的时间呢？"接下来，我就会让孩子按照自己的想法安排时间。孩子独立玩耍有助于自身的成长和发展。

家长和孩子提前约定好时间，就会让孩子有心理预期。家长不需要每时每刻地陪伴孩子，只需要在约定的时间内全身心地陪伴孩子。这样家长就能把自己从 24 小时陪伴孩子的"牢笼"中解脱出来。

作为家长的你如果很难做到长时间的专注陪伴，就可以先从 5 分钟的专注陪伴开始，再慢慢地增加陪伴的时间。对于一些家长来说，5 分钟就是一闪而过。如果家长用 5 分钟的时间来专心陪伴孩子，这对孩子来说意义重大。

当然，5分钟的时间对孩子来说是完全不够的。5分钟的时间结束之后，孩子一定会要求再来5分钟。此时你需要评估一下自己的状态。你如果可以继续陪孩子5分钟，就答应孩子的要求。你如果确实需要工作，就如实地告诉孩子："我知道你还没玩够，但我现在没办法再陪你玩了，我需要工作。"然后你告诉孩子一个合适的亲子陪伴时间，让孩子有所期待。

妈妈可以这样对孩子说："我很在意你，在这个当下我愿意全身心地陪你一起玩。当我的状态不是很好的时候，我希望你可以照顾我的感受。"这样说可以让孩子明白：妈妈有自己的需要，妈妈也是需要被尊重的。

4. 家长要有足够的"心理营养"

女性在成为妈妈之后，一定会面临孩子的需要和自己的需要之间爆发的冲突或矛盾。这样的冲突或矛盾会在一个特定的时间点上集中爆发，当然有时也会随着时间的流逝而逐渐消失。

在我看来，工作和生活之间没有所谓的平衡，只不过是根据当前阶段的优先级做出的取舍，确保将有限的时间用在当前最重要的事情上。

对孩子来说，家长短时间的全身心陪伴好过长时间的无效陪伴。全身心的高质量陪伴远比长时间的无效陪伴更重要。高质量陪伴孩子的前提是家长有足够的"心理营养"。

林文采博士最早提出了"心理营养"的概念。作为成年人的我们，同样需要给自己提供足够的心理营养。心理营养包含以下五种：

第一种心理营养是无条件地接纳自己。 我们有时会情绪失控，会忽略孩子，会犯错，会失败，会达不到自己的心理预期……此时，我们需要全然地接纳自己，告诉自己："我已经尽了自己最大的努力了，我已经做得足够好了。"

第二种心理营养是重视自己。 我们不必事事先以家庭和孩子为重，而是先重视自己，舍得为自己花时间，为自己安排特别的仪式感，告诉自己："我很重要。"无论我们多忙，都要为自己留出专属的时间，做一些自己喜欢做的事情。

第三种心理营养是安全感。 我们可以通过持续不断地自我成长，让自己的情绪平和稳定，有良好的人际关系，尝试走出舒适区，接受挑战，不断地增加自身的安全感。

第四种心理营养是赞美和认同自己。 每天花时间记录生活中发生的美好事情，记录自己的优点和进步之处，把肯定和赞美自己变成一种日常习惯，提升自我价值感。

第五种心理营养是成为自己的重要他人，从内在生发出力量感。 在遇到困难时，我们就可以向内探索，自给自足，而不必事事依靠他人。

我强烈建议家长们每天给自己安排一段独处的时间，独自待一会儿，做点自己喜欢的事情。哪怕只有 5 分钟的时间，你也可以看 5 分钟的书，做 5 分钟的冥想，等等。这种感受当下，和自己共处的能力，是可以为自己补充心理营养，快速充电的。

5. 孩子需要一个有松弛感的家长

随着孩子一天天长大，你会发现，无论世事多变化，最后拼的都是活在当下、安于当下的能力。

如果 2 岁的孩子还不会开口说话，有的家长就会担心孩子的语言发展有问题。

如果孩子每次上幼儿园时都会哭闹不止，有的家长就会怀疑自己哪里做得不够好，导致孩子的安全感不足。

如果孩子不喜欢跟小朋友一起玩耍，有的家长就会担心孩子不合群，甚至开始担心孩子将来的社交问题。

如果孩子上小学后，总是因为作业的问题被老师点名，有的家长就会担心孩子学习成绩不好，将来考不上大学。

有这些担心的家长，都没有看到孩子当下的真正需求。孩子之所以有这些问题，也许是因为孩子的语言发展的规律不同于其他孩子，也许是因为每个孩子表达情绪的方式不同，也许是因为孩子需要更长的时间才能融入新环境，也许是因为孩子遇到了学习问题，需要帮助……

当家长被自己焦虑的情绪淹没时，家长就做不到安于当下，就无法看见真实的孩子。孩子或许并不需要家长替他考虑好一切，他需要的是一个有松弛感的家长。

英国著名小儿科医生和精神分析师唐纳德·温尼科特曾说过，孩子的成长并不取决于你，也不会完全依赖你。每个孩子都有自己的发展潜能，他们鲜活而独特，绝对不能被一视同仁或一成不变地对待。生存、发展并成熟是每个孩子天生就有的内在倾向，家长只需要给孩子提供合适的土壤、水分和养料，孩子就可以成为他想成为的样子。

在温尼科特看来，比起很多育儿技术和指导来说，一个女人对自己成为妈妈的信心、内心的自由、稳定的情绪、敏锐的观察力、对孩子发自内心的喜爱、对自己和别人的尊重，以及有一个爱自己的丈夫，是她养育孩子至关重要的条件。我们给不了孩子我们没有的东西。想要给孩子充电，我们就先从满足自己的需要开始吧。

★ 学会笑声策略，营造轻松的家庭氛围

1. 模仿动物声音的游戏

有一天中午我正在午睡，快醒来的时候，我听到老公和儿子正在模仿座头鲸的叫声，此起彼伏。出于好玩，我也开始模仿座头鲸的叫声。儿子听到我的声音之后，就跑过来告诉我："妈妈，我和爸爸在扮演座头鲸，我们要像座头鲸那样对话，你也加入吧。"

于是我们三个人就开始像座头鲸那样对话，无论想说什么，都是模仿座头鲸的叫声，并且使用超大的音量。每一次的"对话"之后，我们三个人都是一阵哈哈大笑。我觉得这个游戏让我非常减压。

在疫情防控期间，全家人待在一起的时间比较多。这种大笑的方式让人非常减压，也会增进人与人之间的亲密联结。

全家人也可以一起模仿其他动物的声音，用其他动物的声音去交流。这种方式一定是非常有趣的。

如果你做了某件事，孩子笑了，那你就继续去做这件让孩子发笑的事情吧。这样做一定不会有错。

2. 捉迷藏的游戏

基于这个笑声策略，我和儿子在家里发明了很多好玩的游戏。我特别喜欢看我儿子开怀大笑的样子，真的太好看了，就像那首儿歌里唱的"你笑起来真好看"。我也会观察我儿子会在什么情况下笑。

在儿子上幼儿园之前，平时都是我和儿子两个人一起在家。有时上一秒我们俩还在客厅里玩游戏，下一秒就听到门口传来用钥匙开门的声音。我就知道我老公回来了。我赶紧拉着儿子躲起来。我和儿子有时候躲在卧室里，有时候躲在厨房里，有时候干脆躲在隐蔽的角落里，儿子就会使劲憋住不笑。

我老公进门之后发现家中没有人，也听不到任何声音，就开始找我们俩。最开始我老公是真的找，后来发现我们俩是在和他玩游戏，就故意假装找不到。有时我儿子憋不住了，就跳出来大喊"爸爸，我们在这里"，然后疯狂大笑。此时的儿子实在是太可爱了。

这个游戏最初源自一次意外情况。我家主卧室的床和飘窗是连在一起的，飘窗在窗帘的后面。有一次我在客厅里忙别的事情，儿子在主卧室里玩耍。我忙完自己的事情后就去主卧室里找我儿子。结果我没有在主卧室里看见我儿子，就随口说："哎呀，我儿子去哪里了？"

我儿子躲在窗帘后面，没忍住，就哈哈大笑着跳出来说："哈哈哈，我在这里！"然后我儿子就要求我："妈妈，你去外面，我们俩再玩一次刚才的游戏。"于是我们俩就反复玩了好多次这个游戏。

孩子喜欢被人关注的感觉，喜欢看别人找不到他时紧张的样子。那么家长就可以在游戏中满足孩子的这些需求。

3. 为孩子创造亲子联结的机会

有时我老公和我儿子会因为游戏输赢的问题而发生一些小冲突。我作为家庭关系的调和剂，就会主动为他们俩创造一些父子联结的机会。有时候我儿子已经起床了，我老公还没起床，我就会跟我儿子说："你悄悄地溜到爸爸的床上，钻到爸爸的被窝里，吓他一大跳。"

我儿子很喜欢玩这个游戏，每次都会被逗得哈哈大笑。有时候我老公就假装被吵醒了，慌张地大喊："这是什么啊？这是什么啊？怎么还会动啊？"我儿子就会立刻大笑起来。

有时候我会告诉我儿子可以再玩一次。我儿子就会说："爸爸已经醒了呀。"我说："没事，我让他再睡过去。"回过头我就让我老公闭上眼睛。然后，我儿子和我老公就会再玩一次这个游戏。孩子其实知道这就是玩游戏。虽然游戏是假的，是人为创造出来的，但是笑声是真的，联结是真的，不良情绪在笑声中得到了释放。

4."大脑的快乐果汁"

从脑科学的角度来讲，人们在大笑的时候会感觉很快乐。据研究，笑声会刺激大脑分泌多巴胺、内啡肽等物质，这些物质能够让人们产生愉悦感。我们把这些物质叫作"大脑的快乐果汁"。"大脑的快乐果汁"可以给孩子带来愉悦感和安全感，帮助孩子控制情绪，激发孩子的好奇心，让孩子拥有"我能行"的自信。

大脑分泌的"快乐果汁"越多，孩子对快乐的感知能力就越强。同时，孩子的情绪调节能力也会变强。

5. 用笑声策略处理一些养育难题

家长如果掌握了笑声策略，就能处理一些养育难题。有一段时间我儿子很排斥午睡，他即使困了也不睡。我和我老公反复催促我儿子，我儿子都不为所动。我就这样对我儿子说："你真的不睡觉，对吗？太好了，我可以一个人在房间里待着啦！你千万不要进来啊！我要关门了。"

然后我就迅速地跑进主卧里,关好门。这个时候我儿子就笑了,他快速地跑到主卧里。我继续对我儿子说:"哎呀呀,你的速度太快了!不行不行,你千万不要上床!我要一个人独占这张床。"说完我就趴在床上,呈一个"大"字。我儿子就立刻笑嘻嘻地、很敏捷地爬上床。由此可见,我们如果换一种方式,就可以赢得孩子的合作。

全家人可以一起玩一个游戏。大家可以围成一圈,坐在一起,玩一个"看谁能够憋住不笑"的游戏。又或者,大家围坐在一起,每个人表演一个严肃的表情。在这个过程中,一定有人憋不住笑,那你的笑声策略就起作用了。

面对一触即发的冲突,我们也可以用笑声策略来化解。有时我正在给儿子读绘本,突然来了一个不得不接的重要电话,我不得不停止给儿子读绘本。我们的亲子时光因此被打断,我儿子感到很生气。

接完电话之后,我就假装找不到书了,假装读书看串行了,假装手忙脚乱不小心撞到墙了。再或者我干脆把儿子抱起来,一边摇晃儿子,一边对儿子说:"你生气了吗?你让我看看。你的鼻孔生气了吗?你的牙齿生气了吗?你的耳朵生气了吗?让我闻闻你的臭脚丫。哎呀,臭死了,臭死了,脚丫这么臭,还生气!……"

我一边说,一边去咬儿子的脚丫。在这个过程中,儿子被我逗得咯咯笑。一些浅层的不良情绪很快就会在笑声中得到释放。家长跟孩子的联结也通过这样的游戏重新建立起来。

如果孩子的情绪不是浅层的,孩子真的生气了,哭闹,发脾气,那就不是家长和孩子一起玩游戏的时机。

有时候家长的某个行为会触动孩子累积已久的不良情绪,孩子就会趁机将积累的不良情绪释放出来。记住,此刻孩子需要的是倾听和陪伴，而不是游戏。

愿本书的每一位读者，都可以习得亲子游戏和倾听孩子的两大养育法宝，实现有效养育。

★ 觉察日记

（1）如果让你给自己当前的"电量"打分，你会打多少分呢？为了让自己快速充电，你可以做点什么呢？

（2）回忆一下你的童年时代，你那时最喜欢做的事情是什么呢？找到你自己最喜欢做的事情，发展一下个人的兴趣爱好吧。

（3）你上一次哈哈大笑是什么时候呢？那是一种什么样的感觉呢？请你详细描述一下吧。孩子上一次哈哈大笑是什么时候呢？当时发生了什么事呢？

（4）请你在家里创造一次全家人一起哈哈大笑的机会吧。请跟你的朋友一起分享大笑以后的感受吧。大笑之后，再去面对相同的问题时，你的情绪有什么变化吗？

★ 亲子游戏：专属游戏时间

使用场景：一个家长对一个孩子。

（1）固定专属游戏的时长，可以是每天 5 ~ 10 分钟，也可以是每周 30 分钟。

（2）家长全情投入，确保孩子安全，陪孩子玩孩子想玩的游戏，并确保不被打扰。

（3）在玩游戏的过程中，家长只说"好啊"，不提问，不给孩子建议，不批评孩子，听孩子指挥。

（4）在玩比赛类的游戏时，家长应根据孩子的年龄调整游戏的难度，并让孩子赢。

专属游戏时间对忙碌的家长来说是一种很好的方式。有的家长确实没办法做到时时刻刻陪伴孩子，这是客观事实。家长可以为孩子安排专属的游戏时间，在陪伴孩子的时间里做到全情投入。这个时间是可预期的。

在专属游戏时间里获得满足的孩子，就好像充满了电，更加愿意与家长合作。如果家里有多个孩子，那么一对一的专属游戏时间可以极大程度地减少孩子因为争抢妈妈而产生的冲突。在专属游戏时间里获得满足的孩子，更愿意把爱传递给自己的兄弟姐妹。

有一个妈妈，她有两个男孩，在实行专属游戏时间后，收到了意外惊喜。兄弟俩还发明了特别的游戏玩法：

玩法一：弟弟在自己的专属游戏时间里邀请哥哥参加。因为这是弟弟的专属游戏时间，所以在这段时间里，哥哥必须听从弟弟的安排。这样做满足了弟弟的自主性需求。平时弟弟都是被哥哥呼来喝去的。只有在这个专属游戏时间里，哥哥才会听弟弟的。弟弟特别享受这样的专属游戏时间，每次都会去叫哥哥："哥哥，现在是我的专属游戏时间，你要不要参加呢？"

玩法二：哥哥在自己的专属游戏时间里，同样会邀请弟弟参加。在专属游戏时间里，哥哥很愿意扮演弱者，比如小宝宝或者小弟弟，妈妈还是妈妈，弟弟来当哥哥。哥哥会在专属游戏时间里享受变小的感觉，让他人来照顾自己、帮助自己。

孩子们是一群富有创意的游戏专家,他们知道该怎么玩。作为家中的大宝,在平时他能独自做很多事情,但他也有被照顾的需求,所以在游戏中他会主动扮演小宝宝。弟弟扮演哥哥,也释放了他总是被哥哥使唤的情绪。兄弟俩通过角色互换满足了各自的需求。专属游戏时间让兄弟俩实现了共赢。

参考书目

《游戏力：会玩儿的父母大智慧》（军事谊文出版社，2011年）

《游戏力Ⅱ：轻推，帮孩子战胜童年焦虑》（中国人口出版社，2015年）

《儿童心理学》（电子工业出版社，2010年）

《妈妈的心灵课：孩子、家庭和大千世界》（中国轻工业出版社，2017年）

《青春期大脑风暴：青少年是如何思考与行动的》（浙江人民出版社，2015年）

《高效能家庭的7个习惯》（湖南文艺出版社，2016年）

《去情绪化管教，帮助孩子养成高情商、有教养的大脑》（机械工业出版社，2017年）

《游戏治疗》（重庆大学出版社，2013年）

《高级游戏治疗》（重庆大学出版社，2017年）

《朋友还是敌人？儿童社交的爱与痛》（中国人口出版社，2017年）

《亲子打闹游戏的艺术》（中国人口出版社，2018年）

《为孩子立界线》（海天出版社，2020年）

《微习惯：简单到不可能失败的自我管理法则》（江西人民出版社，2016年）

《自控力》（文化发展出版社，2017年）

《如何说，孩子才能和平相处》（重庆出版社，2016年）

《屏幕时代，重塑孩子的自控力》（上海社会科学院出版社，2023年）

《情绪疗愈：林文采情绪疏放18讲》（上海社会科学院出版社，2023年）